高职教育的改革与发展研究

毛 霞 曾雪芳／著

吉林出版集团股份有限公司
全国百佳图书出版单位

图书在版编目（CIP）数据

高职教育的改革与发展研究 / 毛霞，曾雪芳著. --
长春：吉林出版集团股份有限公司，2021.12
ISBN 978-7-5731-1321-4

Ⅰ.①高… Ⅱ.①毛… ②曾… Ⅲ.①高等职业教育
—教育改革—研究—中国 Ⅳ.①G719.21

中国版本图书馆CIP数据核字(2022)第000650号

高职教育的改革与发展研究
GAOZHI JIAOYU DE GAIGE YU FAZHAN YANJIU

著　　者 / 毛　霞　曾雪芳

出 版 人 / 吴　强
责任编辑 / 孙　璐
装帧设计 / 雅硕图文
开　　本 / 710mm×1000mm　　 1/16
字　　数 / 120千字
印　　张 / 7.5
版　　次 / 2022年6月第1版
印　　次 / 2022年6月第1次印刷
出　　版 / 吉林出版集团股份有限公司
发　　行 / 吉林音像出版社有限责任公司
地　　址 / 长春市福祉大路5788号出版大厦A座13层
电　　话 / 0431-81629679
印　　刷 / 三河市嵩川印刷有限公司

ISBN 978-7-5731-1321-4　　　 定价 / 78.00元

目　录

第一章　高职教育教学的发展方向

坚持以就业为导向，培养学生核心职业竞争力，是高职职业技术教育的重要内容和教学方向。本章主要阐述的是高职教育实践性教学体系的构建研究，首先分析高职不同于普通高校的育人机制，明确高职教育教学的特点及侧重，最终整理出适合实际学情的教学方式和教学模式；进一步落实到教学环节中，将微课教学的优势、高职教育的特点、教学侧重有机结合，有利于培养学生的综合素质与职业核心竞争力，为学生将来的就业实践打下坚硬的基础，让学生的职业发展具有更多的可塑性及发展性。

第一节　建构高职实践性教学体系，促进理实一体化教与学

一、教学体系在实践建构上的差距

《国务院关于大力发展职业教育的决定》（以下简称《决定》）指出："落实科学发展观，把发展职业教育作为经济社会发展的重要基础和教育工作的战略重点。"要实现这一历史性的任务，高职院校必须实践性教学体系的建立放在学院教育教学改革突出的位置。《决定》进一步指出："坚持以就业为导向，深化职业教育教学改革，促进职业教育教学与生产实践、技术推广、社会服务紧密结合，加强职业院校探索学生实践能力和职业技能的培养，高度重视实践和实训环节教学，大力推行工学结合、校企合作的培养模式，与企业紧密联系。加强学生的生产实习和社会实践，改革以学校和课堂为中心的传统人才培养模式。"《决定》的精神明确了职业技术教育教学改革的发展方向，突出强调了实践性教

学对职业技术教育的重要性。实践性教学与社会实践紧密结合，服务于经济社会发展需要，是职业技术教育的立身之本，也是区别于其他教育的根本标志。

建构适应社会主义市场经济建设需要、紧密结合经济社会发展的实践性教学体系，从当前高职教育的状况看，还存在以下问题：首先，观念上存在重理论、轻实践的问题，强调教学的系统性、理论性、完整性，课堂的重心还放在传统人才培养上，照搬本科的教育模式。本科教育人才的培养是以学科为要求，而高职是以岗位为需求来定位的。其次，经费投入不足，实验实训基地的建设缺少统一的规划，只能根据经费的投入量解决一些比较急需的问题，不能形成以市场需求为导向的实训层次和设备投入。最后，与企业的结合上停留在表面，实习活动通常是以学校教学安排为主，与企业需求存在较大差距，不能形成与企业需求和资源的互补，以及提供有效的人才支撑。

二、建构实践性教学体系

形成科学、规范的实践性教学体系，既是高职教育教学改革的当务之急，也是高职教育可持续发展的长远大计。实践性教学体系的建构，不是仅针对一部分教学环节、教学内容，而是体现在全部的教学过程中，其中应包括实践教学的目标、实践教学的组织内容、实践教学的条件以及实践教学的管理体制等方面。

（一）实践教学目标的确定

1. 专业开办的可行性调研

主动适应市场变化，提供社会需求的各类人才，决定了高职院校的专业设置（方向）会有经常的调整和频繁的变动。对于专业的增设或专业方面的调整，做好开办前的可行性调研是非常重要的。一方面，它将影响专业开办的成败；另一方面，它对建构实践性教学体系将产生直接的影响。专业的开办、调研，都应把实践教学作为主要内容进行分析，把本专业开办中的实验实训环节与设备，社会实践条件与行业、企业结合的可行性和程度，以及学生按专业训练教学是否可以达到社会要求标准（资格论证）等方面充分明确，而不是先开办专业再考虑实践训练要求，再做实践教学的修补。有了好的专业调研结果，就明确了专业方面和实践动手能力训练的导向，为建构实践性教学体系创造了前提条件。

2.突出实践教学特点

要实现实践教学的目标，就必须依靠教学计划来体现。首先，根据不同专业的特点，在课时安排上，进一步调整纯理论教学的时间，加大实践操作的教学内容，根据现有的教学计划，逐步调整理论与实践的比例。其次，不只强调教学内容的系统性、完整性，而是按照各个专业岗位的要求来安排教学训练和实训模块，逐步改变以课堂教学为中心的传统人才培养模式。最后，各类基础课、辅修课、选修课也要突出实践教学的特点，把社会、行业、企业组织等作为教学的内容。在社会实践中体现教学内容，凡是能与专业岗位要求结合的，都要创造条件围绕专业岗位的要求进行教学内容的安排，使实践教学的目标在不同的学科教学中充分体现。

（二）实践教学的组织内容

实践教学的内容非常丰富，其中包括实验、实习、实践培训、课程设计、毕业设计、创意制作、社会实践、创业活动和第二课堂活动等。由于专业设置的特殊性，除了一般的实践教学内容，还会有专业人员提出的具体的实践培训要求。为了实现各种实践教学目标，需要合理地分配各个环节的内容，并根据基本技能、专业技能和技术应用能力循序渐进地开展，使每个项目都可以进行培训。增加与理论教学和考核方法之间的联系，作出明确的规定，配套相应的深度教学理念、实验实习指导、技能培训指导和各种专业技术规范等，使实践教学具有严格的自主要求和有效性测试，以确保所有的培训内容得以实施。在课程设置中，要充分体现培训与实践相结合的要求。除必要的教学外，还必须有实践培训的机会。教学地点不仅是在教室，还要充分利用培训现场、公司工作场所、商场和社会环境等。体现学生学习的过程，就是培训的过程。对于学生完成课程学习的标准，除必要的书面作业外，还要验收学生解决实际问题的能力和实际训练所达到的效果。

（三）开展实践教学的条件

要建构实践性教学体系，实现实践教学的目标和内容，关键是要抓好"双师型"师资队伍的建设、实验实训基地的完备、紧密的校企结合以及学生创业所需环境的营造这四个环节。

1. "双师型"师资队伍的建设

"双师型"师资队伍的建设是学院建构实践性教学体系的基础，没有一支优良的教师队伍，实践教学的建构就如无源之水、无本之木。在师资队伍的建设上，要先从现有的实际出发，通过积极的引导、激励和奖励，使在职教师尽快从单一的课堂讲授型向讲练结合以及理论与实际操作双优的"双师型"转变，鼓励每一个教师走进企业，走进与本专业课程相关的社会行业，成为本专业的专家。制定相关制度，定期让教师到社会单位挂职锻炼，并且获得社会承认的资格证书。拓宽教师引进渠道，把好教师引入关，优先聘用具有社会实践经验和行业从业经验的专门人才，对新教师的聘用，要在实践动手能力的方面提出明确的要求。对外聘任兼职教师，引进客座讲师、教授等，保证每一个专业都能有一支具有实践经验的社会人才和专家组成的师资队伍，从而推动实践性教学的发展。

2. 建立设施完备的先进的校内实训基地

实验、实训基地（中心）的建设是建构实践性教学体系的物质基础。要实现讲练结合，使每一门课程都能有实践的机会，在很大程度上要依靠实验、实训基地的建设与完善。实验、实训基地的建设一定要有规划，避免盲目性及分散性，主要应注意三点：第一，要考虑适当超前；第二，要考虑利用，即建设后的综合利用及用途问题；第三，在经费上切忌零敲碎打，只顾眼前的分散投资，每一个实验、实训基地都要有很好的可行性分析，特别要反对争项目、乱投资，以及"拍脑袋"形成的建设要求。对投资大的实验设备，可以分期到位，但不能降低要求、凑合解决，绝不能搞局部一时节省，全局和长期造成浪费的事情。这样才能形成完备的实践性教学体系，无论是文科还是工科，都应当建立一流的实验、实训基地。

3. 建立紧密的校企合作

以市场需求和学生就业为导向建立紧密的校企合作，是实践教学的方向所在。校企合作主要包含三个层次的合作形式：第一，教师到企业的挂职、顶岗和社会实践，成为某一个企业需要的人才；第二，每一个专业都与地方经济的相关领域和机构建立合作关系，承担相关的策划、调研、项目研究或指导工作；第三，各个系部与行业知名企业、集团和品牌上市公司等建立依存关系，充分利用系部资源，与其合作，为其提供培训、咨询，实行订单式培养，或者成为知名企业集团的培训机构或学院。从服务地方经济的需求来看，系部与企业的合作是有效的，在毕业、就业和保持专业稳定性方面也是十分有效的。在学院层面上，除了推动系部与企业及行业的合作，还要紧密依托行业优势，主动与各大企业集团合作，组建职教集团，形成工、产、学、研一体的合作模式，在服务地方经济方面办出特色。

4. 营造培养学生创业能力的环境

建构实践性教学体系的目的是让学生成为合格的、有用的人才。在抓住以上三个关键的同时，还要营造出培养学生创业能力的环境。实践教学中必不可少的条件是学生要积极主动地参与实践。主要可以从两个方面入手：第一，结合学生社团的活动，开发和指导学生俱乐部活动和专业学习，并加强学生实际动手能力。以学生社团的形式，通过研究、学习、社会实践等令学生走出校园、进入社区，了解社会需求，提升自身能力。第二，学院为创业园区提供一定的条件，指导一些有条件的学生创立自己的业务，并将学到的知识直接应用于实际。学院要在学校制度、学习安排、考试要求等方面放宽条件，培养学生的创业能力。

（四）实践教学的管理体制与机制

实践性教学体系的构建，是主动适应社会需求的选择，也是重要的教学理念和思想的改革。要实现这一目标，在管理体制与机制上的改变是不可或缺的，涉及队伍建设和制度安排这两个方面。

首先，要建立稳定的培训队伍，调动培训人员的积极性，使他们专心参与实验室中的各项工作。从目前的状况来看，培训管理队伍是否能够很好地建立起来，已经成为建构实践性教学体系的关键所在。其次，通过制定指导意见或鼓励措施，鼓励教师向"双师型"方向发展。获得行业先进资格和专业技能的教师，可以按照标准实现高层次的就业，并为职能岗位颁发特别奖。那些必须符合"双师型"教师要求的人，必须在截止日期前完成任务，如果无法达到这些要求，就必须降低相应岗位等级或相关待遇。积极鼓励教师、学生利用专长开展面向社会、面向企业的服务和创业实践活动，并提供相应的支持，对取得成果者给予奖励（包括科研业绩和职称聘任等）。

三、三点思考

2005年全国职教会议的召开，为职业技术教育的发展开辟了新的空间，中国的职业技术教育在教育圣坛上真正拥有了一席之地，过去形成的职业技术观念已随着改革开放和职业技术教育对经济社会的重要性而改变。但是，怎样抓住新的发展机遇，乘势而上，是摆在每一个职教工作者面前的问题。

建构实践性教学体系，不仅是职业技术教育的教育教学改革问题，也是职业教育能否适应新时代经济和社会发展的问题。我们应该跳出职业教育本身，着眼于社会经济发展的历史进程，考察建立实用教育体系的重要意义。

在推进职业技术教育的改革与发展中，高职院校只有真正地改变传统教育盲目的人才培养模式，根据当前科学发展的要求，以实践教学体系为重点，推进高职教育改革，才能真正地发挥特色，肩负起为社会主义现代化建设的使命，培养高技能的专业人才。

实践性教学体系的建设不是一夜之间就可以完成的事情，在很多方面都受到限制。我们必须始终把实践教学系统的投资放在非常重要的位置，确保资金和资源的有效投入。同时，在开展前瞻性的调查研究和学科发展示范工作中，我们应切实、合理、科学地获取每位专业人士的实际需求，以确保投资有效。

制度创新是建构实践性教学体系的保证，现有的学校制度只能使实践、实验性教学活动和实践指导教师处于理论教学的从属地位，要通过制度的安排和创新，令实践性教学活动中教师的地位大大提高，让教师以能动手、想动手和善于动手为荣，真正成为指导学生走向社会、提高学生应用能力的导师。

（一）国际上对高等职业教育的定义

1997年，联合国教科文组织颁布的《国际教育标准分类》已经被国际社会普遍接受，其中将大学教育分为以学术性为主的教育和以技术性为主的教育。对以技术性为主的高等教育定义为："课程内容是面向实际的，是分具体职业的，主要目的是让学生获得从事某个职业或行业所需的实际技能和知识，完成这一级学业的学生一般具备进入劳务市场所需的能力。"在我国，这指的就是高等职业教育。

（二）实践教学内涵的再认识

长期以来，在高职教育的实践教学中，我们往往只注重动手能力的培养，将实践教学定义为，学生在某些工作场所使用仪器、设备及工具等动作行为的教学活动，其主要目的是进行动作性的技能训练。这类实践教学活动具有明确的实践目的，有相对单一的实践任务，有具体的实践现场，有相应的教学设备和专业的指导教师的辅导。这是一种目的明确、任务单一、设备配套、场所固定的显性的实践教学，与之对应的是隐性的实践教学。所谓隐性的实践教学，是指从培养学生职业能力的宗旨出发，以思维训练为主线，通过其逻辑思维、形象思维、动作思维等方面的培养，达到提高其综合素质的目的，尤其是获得职业技能可持续提升的能力。这种实践教学具有隐蔽性、渐进性、复杂性和长期性等特点，但经常被忽视，所以我们对这类教学模式要重视起来。

（三）高职实践教学的特点

高等职业教育的实践教学是使学生形成职业能力的重要教学手段，其有以下三个方面的特点。

1.基础性、规范性

高职教育是培养面向生产、建设和管理等一线需要的高等技术应用型人才，基本的实践知识、规范的动作技能，是学生能力结构中的基础，是学生的立业之本。高职教育需要对学生进行正规的、严格的训练，为培养学生的从业能力以及解决生产建设一线实际问题的能力打下坚实的基础。所以，在实践教学中体现着基础性与规范性。

2.实用性、先进性

教学内容要面向市场、贴近生产实际，这是高职教育的基本属性。重视实用性和先进性的原则是设置实践教学内容的要求，实用性是以就业为导向的必然要求，也是区别于本科实践教学的主要方面；而先进性是使学生获得生产实践的最先进的技能，同时培养学生的可持续发展的职业技能，使之在实践中不断更新技能的能力得到提高，这是适应社会变化的必然要求。

3.综合性、开创性

综合能力的表现，是行业知识与素养的反映。所以，必须坚持系统性的原则，体现综合性的特点。现代企业要适应市场，就要不断创新。因此，高职的实践教学要适应社会发展对创新人才的需求，培养和造就一批高素质的技能型人才，使其具有一定的实践操作能力，更要具有较强的分析判断能力和开拓创新能力，以及解决实际问题的手段和综合能力。

四、关于创新高职实践教学模式动因的思考

（一）创新高职实践教学模式是落实科学发展观的具体体现

2005年11月9日，国务院在《关于大力发展职业教育的决定》（以下简称《决定》）中指出："大力发展职业教育，加快人力资源开发，是落实科教兴国战略和人才强国战略，推进我国走新型工业化道路、解决'三农'问题、促进就业再就业的重大举措；是全面提高国民素质，把我国巨大人口压力转化为人力资源优势，提升我国综合国力，建构和谐社会的重要途径；是贯彻党的教育方针，遵循教育规律，实现教育事业全面协调可持续发展的必然要求。"《决定》中强调，要加强对职业院校学生实践能力和职业技能的培养，应高度重视实践和实训环节教学。可见，对传统实践教学模式进行创新、积极探索实践教学的新模式，是促进高等职业教育发展的必然选择，是解决学生就业压力大的现实选择。创新高职实践教学模式关系经济发展、社会进步、政治稳定和国家繁荣，是提升综合国力、迎接国际挑战，以及贯彻"十一五"科学发展观的具体体现。

（二）教学模式的创新是解决职业教育落后的必然趋势

虽然高职教育组织规模进一步扩大，服务经济社会的能力明显增强，但是从总体上看，高职教育仍然是我国教育事业的薄弱环节，发展不平衡，资金投入不足，办学条件比较差，办学机制以及人才培养的规模、结构、质量还不能适应经济社会发展的需要。据统计，我国对职业技术人员的需求迅速增加，尤其是一些高新技术企业急需一大批高职专门人才。资料显示，我国目前有技术工人约7 000万人，其中初级工所占比例为60%，中级工所占比例为35%，高级工所占比例为5%。在西方国家中，高级工占技术工人的比例通常要超过35%，中级工占50%，初级工占15%。目前，我国高级技工的缺口高达数百万人。所以，高职院校应重视实践教学，尤其要注重实践教学的创新，使之尽快适应社会经济的发展。高职教育是高等教育层次中的职业教育类型，办学目标是面向生产第一线，培养生产、建设、管理和服务方面的高级技术应用型人才，担负着提高整个行业

技术、工艺水平，满足经济技术发展需要的艰巨任务。为此，在造就上述人才的方法上，必须十分强调技能训练、能力培养和职业素质的提高。在高职教育教学过程中，必须强化实践教学，着力通过形式多样的创新手段，寻找切合生产实际的、高效益的实践教学，培养适应市场需要的能工巧匠型职业技术人才。

（三）教学模式创新是体现高职院校办学特色的重要举措

高等职业教育是以就业教育为基础的。高职教育的培养目标是突出职业性、地方性，使学生具备基础技能和专业技能，并用于专业岗位的实际工作。这需要从市场需求出发，根据岗位需求设置专业岗位，根据人才必须具备的知识和能力设置课程，以及设置良好的教学和培训。同时强调理论与实践并重、教学与训练并重，采取边做边学的方法，培养学生合格的工作能力。受过高等职业教育培训的人才，也应遵循市场经济规律和自然规律的"自然选择"和"适者生存"，那些不符合市场需求的人，最终会被无情地淘汰。目前，国内企业以28万至30万元的高价年薪，却找不到合适的高级技术工人。令一些企业高管感到沮丧的是，找到一名高级技术工人比一名工程师更难。这进一步证明了加强高职实践教学创新的重要性和紧迫性。

（四）不断创新实践教学模式是一所高职院校的生存之道

高等职业教育的快速发展是在高等学校的自主性逐步扩大、高等教育市场逐步完善的情况下进行的。这一客观条件决定了高等职业教育必须积极参与对自身教育服务有利的社会交流活动，在这个过程中，寻找进一步发展和成长的机会。"学生选择学校学习，单位选择使用标准"使高等职业教育在高等教育市场竞争激烈的情况下处于劣势。我国高等职业教育作为一种刚刚发展起来的教育，与发达国家存在着很大的差距。具体表现为教学模式、课程开发、实训设施和手段比较落后，业务单一，缺乏创新，等等。因此，树立市场意识和创新意识对高职院校非常重要，它决定着高职院校的生存与发展。众所周知，高等职业教育的目标是培养一线的先进技术应用型人才，以满足社会生产、建设、管理和服务第一线对高等技术应用型人才的需要，强调人才的实用性和技能性。实践教学模式作为高等职业教育的新模式，它有效地弥补了传统教育体系的不足，符合现代知识经济发展的需要，是创新型、应用型、技术型、工程型、学术型的复合型人才的培养模式，这是高职院校与其他院校竞争的"武器"。因此，积极探索实践教学模式的创新是形成高职院校核心竞争力的重要方式。

五、关于创新高职实践教学模式路径的思考

（一）转变教育观念，彰显实践教学

传统的教学模式建立在学科知识体系的基础上，将实践能力培养或实验教学渗透在特定的知识框架中。然而，面向就业培训的高职院校在教学设计和职业培训上，却对培养目标漠不关心，因为教学设计中心是知识体系，重点在于解决知识点上的困难以及基于职业技能的指导方针。因此，高职院校必须转变教育观念，注重学生的专业技能和人格专业知识的培养。这种转变应该是一个"革命"的变化。就业导向教育的实施不应该只停留在考试卷上，而是应该关注行业需求，探索以能力为基础的教学模式，并参与教学活动，紧密结合生产实践，培养具有行业所需技能的高素质技术人才。

（二）扩大实践场所，聚焦实践技能

长期以来，在高职实践教学中，实践教学被界定为在某些工作场所，学生使用仪器、设备及工具等动作行为的教学活动，可以称之为"明确的实践教学"。实际上，从培养学生职业能力的目的出发，还应着重培养学生的思维能力。这是提高学生综合素质，使他们在专业技能方面取得持续改进的重要途径。以往高职院校认为实验室、培训室、企业运营车间是技能培训的场所，实际上，课堂教学也应以提高学生的实践技能为主，并采用各种生动活泼的教学新形式，如以技能项目为任务单元，贯彻体验教学的思想，让学生参与其中，并以学生为主组织教学，积极吸收发达国家的课堂教学经验，等等。例如，美国高校教师在课堂教学中，不是一开课立刻就讲课程内容，而是先简明扼要地介绍本节课所讲的内容在实际生活中所具有的实际意义，以激发学生对所学内容产生浓厚的兴趣和实践意识。然后简要地介绍所讲内容，留出更多的时间让学生阅读、思考和提问。在这一过程中，培养了学生分析问题、解决问题，以及口头表达和书面表达等能力。

（三）深化课程改革，开发适用教材

教学改革和教学质量的提高，不仅要创新教学方法、加大设备投入，更重要的是深化课程改革。对此，必须进行广泛而深入的专业调查，以确定职位所需

的相关科学知识体系和技能结构。必须以职业工作者为基础发展核心，设置课程内容和培训环节。学校的教学骨干和相关专家必须根据工作要求，在确定每门课程的核心内容时，根据适用的材料进行有针对性的开发，避免偏离实际、过度强调重点理论知识。为了更好地满足企业的需求，高职院校必须确保教材、讲座、实习、实践培训与生产实践保持零距离或近距离。

（四）落实工学结合培养机制，加快高职教育发展

1. 工学结合、半工半读的概念界定

工学结合教育是职业学校与企业紧密合作，对学生在校期间进行学校教学和企业顶岗劳动实践教学这两种相互交替的教育，以培养学生的全面素质、综合能力和就业竞争力为目标的一种人才培养机制。其核心思路是市场参与、校企结合、工学相容、工学交替，分阶段完成学业。可以将工学结合、半工半读理解为在校完成基础学业，然后进行课程选修，以培养学生的综合实践能力；一段时间内在企业工作，强化技能训练，提高理实一体化的学习目的，提高学生的知识和技能的内化效率。整个教育的过程大致分为"学习—工作—学习"的内循环："学习—工作"，学有所用、学用结合，将课堂所学的知识融入生产和社会实践，能够迅速提升和强化学生理论的学习成效；"工作—学习"，把工作体验融入课堂学习，能够优化学生的知识体系和能力结构，使之更能切合社会发展的需要，成为社会需要的实用人才。

2. 工学结合、半工半读教育的特点

（1）现代性

工学结合、半工半读教育体现了教育与生产劳动相结合，以及培养全面发展的人才这两个现代教育最根本的特征。教育与生产劳动相结合、理论与实际相结合是现代生产和现代科学发展的必然要求。随着科学技术的不断发展，劳动与教育的联系也在加强，职业学校与企业的这种关联性要求学校与企业加强联系。一般来说，是这样一个过程：科学技术发展—生产发展　对劳动者素质的要求提高。所以，科学技术发展越快，生产发展越快，对劳动者智力发展的要求就越高，对劳动者提出的技能、综合素质方面的要求也就越高，相应的劳动者所需要掌握的科学知识、劳动技术就越广泛、越深刻、越系统。同时，在生产劳动中掌握这些系统科学知识和形成高度发展的智力的可能性就越小。这就要求学生在参加劳动之前接受系统、全面的教育，包括理论和实践两个方面的教育。从一定年龄开始，人们必须以各种方式交替地去参与教育和生产劳动这两个密切联系而又相互独立的过程，以适应现代生产的需要，而工学结合、半工半读培养模式正符合这种人才培养的需要。工学结合、半工半读教育不是简单的"一部分时间读书，一部分时间劳动"，而是劳动与读书相结合，互相促进、互相转化。工学结合、半工半读教育采用专业教学与专业劳动相结合的教学方法，使课堂教学与现场教学紧密结合、校内教学与企业生产实践相结合，真正地实现了教育与生产劳动的结合、理论与实践的结合，是对人的全面发展极为有利的一种教育形式。由此可见，学习与工作相结合具有明显的现代特征。

（2）就业导向性

职业教育是以培养劳动技能型人才（为用人单位培养具有熟练操作技能的、应用层次的、从事某项具体事务性或技术性专业工作的专门人才）为目标的一种教育，它从诞生起就带有浓厚的职业性。以洛克等人的"工读教育计划"这一方案开办的半工半读慈善教育的主要目的是使贫困子女能自食其力，也为将来的就业打下基础。最初，美国在发现学生课余打工与所学的课程及今后的职业无关之后，才引发的合作教育，目的也是为受教育者以后的职业生涯做准备。因此，可以总结出学习与工作相结合的主要目的，就是使学生在实际的顶岗实习劳动中提高自己，培养良好的工作习惯、工作态度，掌握未来工作必备的劳动技能，为今后的就业做充分的准备，完成学习生活向职业生活的过渡，最终使他们能顺利地走向社会。

（3）大众性

社会对教育不断提高的要求推动着工学结合、半工半读教育的逐步形成和发展。形成这一需求的深层次原因是科学技术和现代化生产的发展，主要表现为人们的生存和求职欲望。而工学结合、半工半读教育又带有明显的就业导向性，并关注受教育者的职业发展，这正是它大众性特征的最好体现。科学技术越发展，教育与生产的联系越紧密，人们生存和求职的欲望就越高，要求接受教育的人就越多，学习与工作相结合就越有必要，发展工学结合、半工半读教育模式就越迫切，工学结合、半工半读教育的大众性就表现得越明显。

3.落实工学结合、半工半读培养模式的策略探析

工学结合、半工半读培养模式目前是我国教育界的热点话题，教育部在公布了107所工学结合、半工半读试点学校的名单后，开始在全国范围内推广这一职业教育人才培养模式。但是，对大多数职业院校来说，工学结合、半工半读教育仍是一个全新的课题，所以我们一定要制定工学结合、半工半读教育的相关制度和方案，确保这一职教模式在我国能够长期地、可持续地发展。

（1）做好工学结合、半工半读培养模式的前期准备工作

为了使工学结合、半工半读培养模式真正落到实处，我们应该在师资培养等方面多下功夫，加强"双师型"教师的培养，实施"走出去"与"请进来"的战略战术，即专业课教学教师走出学校、走向行业企业，将企业的专家、技师请进学校、请上课堂，并在此基础上与企业达成紧密型"工学结合、半工半读"协议，这是一个"三步走"的发展策略。具体的"三步"为：第一步是"走出去"。把合作的对象瞄准那些具有行业代表性的企业，向他们介绍本学院相关专业的建设发展情况，听取他们对教学内容和课程设置的意见。同时，了解企业的岗位设置情况及人才录用标准，并积极向他们推荐学院毕业生去实习和就业。这一步主要是学校教师主动走向社会，了解市场，了解企业的需求，也向企业推荐自己专业的"教学产品"和"人才产品"。第二步是"请进来"。在教师的"走出去"使得企业对学校的办学模式和服务理念产生认同的基础上，学院应利用这个机会，邀请企业里有资质的员工参与到学院的专业建设和专业教学中来，吸纳他们走进学院的课堂，开设多门实务课程。企业的加入使教学贴近工作实际，使学生有亲切感和新鲜感，能够感受到浓厚的专业氛围。这一步是让企业直接参与教学，在深入教学的过程中，使企业进一步了解学校和学生，也使学生的学习贴近了职业岗位的要求。第三步是"签协议"。为谋求长期合作，学院应与企业签订长期合作协议。这样一方面使学院有了稳定的实训师资来源，也使企业有了培训已有员工的定点单位，另一方面为选拔新员工开辟了一条新路。这第三步是将校企合作所涉及的各个利益主体的各项权利、义务关系以契约的形式固定下来，使合作过程程序化、规范化。

（2）工学结合、半工半读培养模式需要注意的问题

要真正建构工学结合、半工半读培养模式，应该在办学上强化校企合作，

在教学培训上加强工学结合、半工半读。目前，重点要关注以下四个方面的问题：协调好学校与企业的关系，学生同时扮演好两种角色，学生在企业"半工"期间应注意专业对口，校企联合制定合适的教学管理制度和教学计划。

（3）探索工学结合、半工半读教学制度和课程设置的改革

在教育国际化的大背景下，职业教育发展与国际接轨是一个必然的趋势，但在我国职业教育走向国际化之前，我们要完成职业教育的教学制度和课程设置改革的工作。所以，当务之急是进行教学制度和课程设置的改革，而不是职业教育国际化的问题。实行工学结合、半工半读教育是人才培养模式的重大变革，它有力地冲击了原有的教学制度和课程设置。而且，随着职业教育的深入发展，学生和企业对学校的课程设置提出了很多切合实际的意见和建议，我们在深入推进工学结合、半工半读培养模式的课程设置和教学方法等方面的改革时，要使工学结合、半工半读培养模式更好地适应我国的具体国情，提高其发展的可持续性。

（4）实施工学结合、半工半读培养模式的保障机制分析

工学结合、半工半读培养模式不仅仅涉及学校和企业两个客体，而且是涉及国家、社会、学校和市场四个方面的复杂的系统。因此，要大力推进工学结合、半工半读培养模式，就要确保逐步将技能型人才培养模式转变到工学结合、半工半读培养模式上来，要从配套政策、建立体制、强化管理、创新理论等方面更大的范围去思考，通过国家、社会、学校和市场四个方面共同努力，建构充满活力、富有效率、互利共赢的具有中国特色的职业教育人才培养模式。

六、采用多元化职教模式，应对不同的教学情况

（一）简析产学研合作教育模式

产学研合作教育在国际上被称作"合作教育"，是指在人才培养的过程中，充分利用学校和企业两种不同的教学环境和教学资源，通过教学、科研、生产劳动相结合，以培养创新性、复合型人才为目标，建立适应社会发展需要的教育体制和人才培养模式。产学研合作教育的主要目的是培养创新型人才，提高学生的全面素质，增强学生对社会与生产的适应能力。它不同于传统的只强调知识传授和理解的教学模式，是学校与用人单位合作共同培养具有全面素质的高质量人才的教育模式。

产学研合作教育模式是我国20世纪80年代末引入的教育模式。它的发展主要经历了三个阶段：第一阶段，1985年，上海工程技术大学正式引进加拿大滑铁卢大学的经验，采用"一年三学期，工学交替"的模式进行产学研合作教育试验，是我国产学研合作教育模式进入"引入期"的标志。这一阶段主要表现为以多种形式与国外教育界合作，"克隆"国外的合作教育模式。第二阶段，以1991年4月在上海成立的中国产学合作教育协会为标志，产学研合作教育模式进入结合中国经济社会实际进行探索的阶段，特点是由自发、分散的状态走向有组织、有计划的群体状态。协会的成立和开展的活动受到教育部领导的重视并给予工作上的大力支持和指导，协会组成的"产学合作教育课题组"被列入全国教育科学"八五"规划教委重点课题，产学研合作教育走向以探索贯彻党的教育与生产劳动相结合的方针方向。第三阶段，以1997年10月教育部发出《关于开展产学研合作教育"九五"试点工作的通知》为标志，产学研合作教育由民间有组织的试验转变为官方有组织、有计划的试点，这表明，产学研合作教育已经纳入政府教育主管部门教育教学改革的总体规划中。多年来，我国在产学研结合的实践中，探索出了一些比较成功的模式，目前开展得比较普遍、发展得比较成熟的产学研合作教育模式主要有以下两种。

1. 工学交替的产学研合作教育模式

这种模式是使学生在校的理论学习和在企业的生产实践交替进行，在整个培养期间根据教学需要，安排学生多次到企业实习或顶岗工作，不同的学校安排学生参加工作实践的次数以及安排学生参加工作实践的时段有所不同，但时间一般不超过半年或一个学期。通过这种方式，使学生的理论与实践、学与用紧密结合起来。该模式的主要特点是校企双方共同参与育人全过程，这种模式适用于理论技术要求较高、实训时间要求长的专业。

2. "3+1+1"产学研合作教育模式

"3+1+1"产学研合作教育模式坚持4年学制，模式中的"3"是指本科学生在入学的前三年在学校完成教学计划规定的全部课程；第一个"1"是指在完成三年的学业后，学校采取预分配的方式，让学生到对口的单位进行顶岗实习，时间是一年，学生毕业后到用人单位工作时就不再对学生设一年的实习期（实际上是将学生毕业参加工作后的一年实习期给提前了）；第二个"1"是指学生顶岗实习一年后，返回学校进行总结、提高，并根据岗位需要，有针对性地选修相关课程及培养专项技能，并结合用人单位的实际工作需要确立课题，进行毕业设计，完成毕业论文，这是人才培养的继续深化和提高，是保证培养高质量应用型人才的重要环节。学生在校期间，按一般本科学生的管理方法进行管理，在用人单位顶岗工作期间按实习毕业生对待。这种培养模式要求学校与用人单位要进行很好的配合，双方联合制订培养方案，使学生成为用人单位所需要的毕业生。在这种培养模式下，由于学生的学习和实习的时间都比较集中，学校便于管理；学生能够根据实际需要，有针对性地学习知识，毕业后能尽快适应工作岗位的要求；企业能够按照自己的需要，对学生进行培养。

（二）简析校企合作教育模式

1. "订单式"人才培养模式

"订单式"人才培养模式是指学校与企业签订人才培养协议，共同制订人才培养计划，共同组织教学，学生毕业后直接到企业就业的人才培养模式。这种人才培养模式能实现学校、学生和用人单位的"三赢"。对学校来说，能够结合市场需要制订人才培养计划、调整专业和课程设置，教给学生职业知识和技能，使学校的人才培养更有针对性，为学生的就业提供保障；对学生来说，所学知识对就业岗位有很强的针对性，毕业后能很快进入"角色"；对用人单位来说，能够"量体裁衣"，定向培养自己所需的人才。这一合作方式强化了就业导向，优化了实践教学条件，但由于教学过程基本上是在学校的课堂里完成的，因此培养出来的人是否能够符合企业岗位的需要，依然存在未定的因素。

2. "2+1"模式

"2+1"模式，即学生前两年在校内学习与生产实习，后一年到企业顶岗实习和进行毕业设计的模式。这种双向参与、分段培养的教育模式，是培养具有较强实践能力的技术应用型人才的有效途径，不仅能够提高学生的综合素质、动手能力和解决问题的能力，而且能够提高学生对社会主义市场经济的适应能力，缩短学生走上工作岗位后的适应期。但是，这种人才培养模式不具有普适性，主要适用于3年制高职院校的工科专业。

3. 学工交替模式

学工交替模式是指学校与企业共同制订人才培养方案，学生在企业生产实践与学校学习相互交替、学用结合的教育模式。在这种模式中，学生兼有双重身份，而且也同时占有两个学习场所。这种模式突出了实践在学生的学习生涯中的主导作用。但是在这种模式下，学生不好管理，学习与工作时间不好协调，教学计划需要学校与企业联合制订。

4. 全方位合作教育模式

全方位合作教育模式，即"从学生的输入输出而言是完整的'订单'式教育服务，从教育本身而言是双向输入优质'资产'，从国家、社会而言是强调联手、优势互补，双向提供发展后劲"的模式。这种模式需要校企双方共同签订"定向委培"协议，如教育教学资金、技术教育支撑、共建实验实训基地、落实学生就业、合作开展课题研究等。

5. 实训—科研—就业模式

其特点是面向高新技术企业、合资独资企业、国营私营企业等，采用校企合作、院企合作、室企合作等各种形式，进行合作办学、技术开发、联合培养、人员交流、基地共建、课程开发等。职业技能课程中应以实训为主，以技能综合为主线，设置独立的综合实训课程。在培养计划中，根据各个专业的不同属性，实验、实训应占总学时的40%～50%。在这种模式中，学生是价值中枢，意在培养学生的技术应用能力和发展性能力。

6. 双定生模式

其特点是"招生即能就业"，完全"以销定产"，"培养需要结合"，"出口"决定"进口"，"实行人性管理"。这是一种完全适应市场需求的，更为有效的模式，不过这种模式的产生有它特定的前提，即企业人才短缺。

7. 工学结合、校企双向介入模式

工学结合、校企双向介入模式是指通过学校和合作企业的双向介入，把学生在校的理论学习、基本训练与在企业实际工作经历的学习有机结合起来的模式。

8. 结合地方经济全面合作模式

结合地方经济全面合作模式是指"紧紧把握住了与地方经济紧密结合这条线"的模式。招生与专业设置都有很强的地方性，这种模式的发展方向是由地方经济发展引导的，其发展程度受地方经济的制约。

9. 以企业为主的合作办学模式

以企业为主的合作办学模式极大地调动了企业在办学中资金投入和资质整合投入的积极性，该模式是在办学过程中能够从社会需要、市场需要、群众需要的出发点考虑的模式。企业的主动权较大，学校由企业管理，企业占有主导地位。这种模式适用于专业性强、行业特色突出、企业资质有优势，以及有资金、懂教育、热心教育事业、责任心强的单位和部门，因而要求企业具有相应的经济实力。

第二节　高职教育教学中"育人机制"路径的选择

加快发展高等职业教育，是具体实施科教兴国战略、促进我国社会经济可持续发展的基本任务之一。随着我国经济发展进入新常态，促进高等职业教育的发展就是要满足社会对人才的需求，特别是满足社会对各类高技能应用型人才多元化、多层次的需求。

一、基于市场发展需要，不断优化专业设置

相对于普通本科教育培养工程型、理论型、研究型人才而言，高等职业教育偏重于培养高等技术应用型人才。由于人才类型的差异，高等职业教育不能继续使用普通的教育方法，必须突破以学科为中心的传统观念，根据不同地区的产业化水平、不同的市场需求和专业要求合理设置专业，优化专业设置结构，最终能够满足社会经济发展对技术人才的需求。

一些高职院校的专业设置跟不上产业调整的要求，缺乏专业设置和教学标准的有效动态调整机制。这严重影响了人才质量的提高。目前，中国还有相当多的高职院校在设置专业时，只关注短期需求，而不去分析市场需求的变化和变化趋势。要加快高职教育的发展，必须根据产业结构、区域经济和社会发展、市场需求等，对所有高职院校专业设置进行调整。

目前，中国的产业结构发生了很大的变化：第一产业逐步下降，第二产业增长缓慢或停滞，第三产业持续增长。部分行业，如矿业、钢铁、纺织等行业逐

渐走向没落。相反，合成材料、计算机、数控编程等新兴产业正在逐步发展。这些变化导致大量现有的专业工作岗位消失，同时也增加了大量的新兴岗位。因此，高职教育要以市场变化和需求为导向，紧密结合区域经济和社会发展的需要，科学设置和调整专业。如果学校忽视市场对人才的需求，只根据现有的教学资源、教师和基础设施等设置专业，那么很大一部分学生毕业后可能会面临失业。院校应以办学条件为基础，深入调查研究，充分听取和采纳有关公司和行业的意见，确保学校专业设置的规范性、科学性与前瞻性，必须在科学论证的基础上设置社会经济发展所需要的专业。

二、深化校企合作办学模式改革

在全球发展和巨大变化的背景下，中国进入了全面建成小康社会的新时期。为了实现这一战略目标，国家提出了加快转变经济发展方式、促进产业结构优化升级、建设强有力的人力资源等一系列发展方向。因此，该战略迫切需要培养大批高素质高技能人才，加快我国高等职业教育发展的步伐。但是，封闭的单一制度严重制约着高职教育的持续健康发展。《教育部关于推进高等职业教育改革创新 引领职业教育科学发展的若干意见》提出："创新体制机制，探索充满活力的多元办学模式。"为适应新的经济和社会发展形势，高职教育必须深化改革，创新办学机制。其中，最有效的途径之一是深化校企合作办学机制。

校企合作机制是高职院校与普通高校的一个显著区别。但是，大学和企业之间的这种合作往往浮于表面，实质性进展甚微。例如，由于人口红利的消失，大规模的"劳动力短缺"已经开始，令职业学校的学生实习需求量急剧增加。但是，面对企业这种意想不到的"积极性"，许多高职院校似乎还没有成功地将其变成双方有效合作的契机。在校企合作方面，也有一些高职院校只停留在处理业务的过程中，学校认为业务到来就万事大吉，所以那些通过高职院校培养出来的学生最终很难满足与适应企业的要求。于是就出现了这样一种现象：每年企业除了要耗费大量的精力招人，还得再用掉部分经费来培养招收进来的新员工。归根究底，都是因为学校培养不出能够与企业需求和企业文化相匹配的人才。制定的人才标准缺乏与企业的沟通，进而造成了学生与岗位的脱节；安排的课程内容过于陈旧，无法满足职业岗位的新要求；严重缺乏"双师型"教师，企业文化素养的熏陶以及学生的职业素养远远不够。

那么，高职院校应如何深化与企业的合作，培养具有竞争力的专业人才？为了确保学生的专业素质能够有效地满足公司的工作要求，高职院校在确定人才培养标准时，应首先加强与企业人力资源部门和培训部门的密切合作。以岗位人才所需的专业素质、知识和技能、工作经验和工作态度来建构学生的能力模型，可以就课程内容的安排和专业结构的设置达成共识，并据此制订人才培养计划。校企应该共同努力，创造一个以就业为导向的实践教学环境，让学生"从实践中学习"。此外，还可以将企业文化与校园文化有机地结合起来，全面提高学生的整体素质。

三、建构复合型人才的科学育人机制

在新常态经济的产业升级和产业跨界发展的背景下，复合型人才在这些领域所发挥的作用越来越重要。许多高职院校开设专业时，各个专业之间的界限过于清晰、相互隔离，没有全面交叉；各个专业的教学内容非常严格，忽视了专业之间的有机联系。由此培养出的人才的知识和技能是单调的，根本无法满足人才市场的需求。因此，为提高高职学生的就业竞争力，培养符合相关专业要求的人才，高职院校必须突破专业界限，采用"订单式"人才培养模式，整合和交叉相关专业。学校不仅要提高学生的专业能力，还要积极培养学生的综合能力。

复合型人才是指具有两个以上专业（或学科）的基础知识和基本技能的人员。具体而言，首先，复合型人才必须具备扎实的专业基础和广泛的学科知识，以便为不同职业的融合提供条件。其次，复合型人才掌握的知识结构不仅可以打破专业的界限，而且还可以保持一定的关联性。最后，将掌握的差异职业之间的知识融合与整合，从而形成新的知识，萌发新的思维方式，提高自身的综合能力。

复合型人才的"订单式"培养模式，主要是培养学生的专业技能，立足于学校与社会各界的密切合作。根据人才需求，制定更有针对性的人才开发方式，让学生可以实现知识和技能与行业需求的零距离对接。为确保高职院校人才培养的质量，国务院颁布了《关于大力发展职业教育的决定》，要求积极发展"订单式"培养模式，促进职业学校更好地以社会需求和市场需要为导向发展职业教育。

四、加强教师专业知识的培养

21世纪是知识经济的时代，信息技术飞速发展，高职院校的教学也要适应知识经济的新要求。因此，教师必须努力学习新知识、新技术，积极拓宽自己的知识面，令自身的基础文化知识牢固、专业知识开阔，同时还应具备与本专业相联系、交叉的其他专业知识，以便更好地满足市场对人才的需求。

（一）教师知识基础的扎实性

基础文化知识指的是知识结构中最基础的部分，包括自然科学和社会科学，教师都是以此为基础来进行专业学习与创新的。因此，教师掌握的基础知识越扎实、越广泛，越容易厚积薄发，充分发挥自己的实力。

（二）教师专业知识的专业性

专业知识是指教师在向学生传授理论知识时应具备的知识，或者是实践的指导。显然，专业知识应该有专业理论知识和专业实践知识。一方面，专业理论知识不仅包括教师在教育工作中必须具备的教育专业知识，还包括教师必须具备的教学科目的专业知识。另一方面，专业实践知识是指教师将理论知识扩展到实际操作的知识。它包括实验的详细操作步骤、各种试剂的性质和功能、实验用具的使用、实践培训中的案例分析和总结，以及知识的其他方面。

（三）掌握专业知识的相关性

教师应当掌握一些与学科密切相关的其他学科的知识，以及与教师职业相关的一些知识，如基础哲学理论知识、教育政策法规、教师职业道德和美学等。此外，在如今知识经济时代的世界信息化和国际交流中，教师也应具备现代科学技术的知识，如计算机操作、信息技术应用等诸多新知识。

（四）科学搭建竞争管理督导教学模式

学校必须引入竞争机制，打破传统的"铁饭碗"观念，让师资队伍"能进能出"，促进人才选拔，实行竞聘上岗，提高教职工的积极性。例如，从聘任制实施之初，所有新聘教师都采取合同聘用制的形式，将人事关系转移到人才交流中心，学校雇用的员工在政治或经济上都享受与课程中教师相同的待遇和好处。新任教师的教学方法、特点，以及研究能力和教学能力决定了他们自身的政治与经济效益，在一定程度上也决定了他们是否能继续任教。对于已编制的教师，必须实行严格的校内任用制度，实行有竞争力的聘用制度，严格把关考核流程。他们的评估结果决定了其是否可以继续留在学校，并决定其政治和经济待遇。

完善以往的考核办法，改革和完善教师考核和奖惩制度。除了评估他们的思想和政治素质外，最重要的是评估他们的工作能力。高等职业教育与其他类型教育的区别在于，高等职业教育主要培养技术技能型人才。由于高职教育的这一特点，高职教师的实践教学能力已成为衡量其教学能力的重要方面。但是，由于有必要对教师的工作进行评估，首先要制定科学的评估标准。

五、教学应紧跟社会市场发展的需要

社会发展的总趋势表明，当前我们正处于信息化高速发展的时代，各行各业的产生、发展、衰退乃至消失，都与信息化的发展程度关系密切。教育也是如此。早在2012年，教育部在发布的《教育信息化十年发展规划（2011—2020年）》中，就提出了要"培养学生信息化环境下的学习能力，鼓励学生利用信息手段主动学习、自主学习、合作学习；培养学生利用信息技术学习的良好习惯，发展兴趣特长，提高学习质量；增强学生在网络环境下提出问题、分析问题和解决问题的能力"。

受信息化的影响，特别是在"互联网+"的时代背景下，学生的身心发生了很大的变化，师生关系也发生了变化，传统的教学模式已经不能适应学生发展的需要。目前，中国的所有高等职业教育正在慢慢提高信息化教学的程度。高职院校在加快办学发展的同时，在教学过程中大力推广和使用网络信息技术，努力提升网络信息技术在教育环境中的地位。

分析目前高职网络教学发展的现状，大致可以将其分为两类：第一类是教师在教学过程中利用信息技术媒体，将抽象和复杂的概念或过程置于多媒体环境和网络环境中展示给学生，帮助学生更好地消化和接受；第二种类型比第一种更先进，教师在整个学习过程中规划具体的课堂环境，采取与教学内容紧密结合的项目教学法和任务驱动教学法，激发学生的好奇心和学习兴趣，让学生在网络教学环境中进行自主探索和相互合作，并从中获得知识、技能。在这个教学过程中，教师发挥指导和监督的作用，形成以学生为中心的师生互动的沟通方式。采用第二种教学模式，可以充分调动学生的学习积极性，在课堂上营造良好的氛围，进而提高教学效果。同时，可以培养学生探索、实践和运用信息技术的能力，提高学生的就业竞争力。

高职院校对其课堂教学模式进行网络化的改革，不是盲目地为了紧跟时代的潮流，而是看到了网络化教学相比传统课堂教学模式所具备的优势。

（一）网络化教学模式的资源丰富性

网络教学的本质是自然教育，教育的核心是教育资源。网络就像知识之海一样，信息资源极其丰富。信息的表达方式也是各种各样的，如文本、图像、视频、数据库等。可以将传统的教材或教师的课堂教学转化为电子书、音频资料和视频。此外，还有许多精英教师愿意分享他们自己的学习材料、讲座、公开课、优质课，甚至是他们的课程计划。

（二）网络化教学模式的资源开放性

网络教学打破了传统的封闭式学校教学，可以满足不同类别、不同层次人群的需求。世界各地的人们可以通过网络，在虚拟教室中一起学习。他们能够接触到其他相关的知识或观点，拓宽视野，拓宽思路，培养开放性思维。此外，由于网络教学不受时间和班级的限制，不同的学生可以根据自己的实际情况安排自己的学习时间，从而进一步增强学生学习的主动性和自主性。2000年5月，中华人民共和国教育部发起了"新世纪数码课程建设项目"。截至目前，共有约300个在线课程已经建立。同时，政府还鼓励机构积极开展具有自身特色的在线课程开发。有些学校还制定了相应的措施，鼓励教师在网上转移教材、信息和知识资源。

（三）网络化教学模式的资源共享性

一方面，网络教学可以深入挖掘学校的教育资源；另一方面，它还可以更好地促进教育资源、数据资源、硬件资源和软件资源的共享。这使学校的学生能够选择校园内的课程，并且校外的学生也可以进行学习。网络教学的学分可以被识别和转换，这有利于学生的个人发展。另外，在网络教学的影响下，偏远山区和教学条件落后地区的学生，也可以受到教学能力强的教师的指导，实时了解相关教育法规政策，获得丰富多样的教学资源。网络教学打破了学校与国家之间的界限，学生可以选择接受教育的方式和方法。

（四）网络化教学模式的交互性

由于网络具有丰富的可视信息资源和强大的互动功能，学生可以快速获取所需的信息。学生和教师、学生和学生之间，有机会充分沟通和交流。在网络教学中，当教师向学生讲解知识内容时，学生和教师可以就某些问题进行深入的分析与探讨。教师可以及时得到学生的反馈意见，改进教学方法；学生可以使用互联网，通过教学平台与其他学生或其他研究人员进行交流。学生可以及时了解自身有什么进展或存在哪些不足，并据此调整自己的学习状态，能够持续发展自身的能力，提高自身的知识水平。

（五）网络化教学模式的个性化

目前，许多高职教师不再局限于向学生传授有限的知识，而是着眼于培养学生的学习自主性。

网络化高职课堂教学模式改变了传统教学模式，使教学成为以学生为中心的教学模式。通过独特的信息数据库管理技术，有助于了解学生的学习过程，对课堂教学情况和个人资料进行全面的跟踪、记录并存储。教师可以根据学生的差异安排教学进度，选择教学方法和教材，并为学生提供个性化的学习建议。在教师的指导下，学生可以根据自己的实际情况自主选择必要的课程，从而真正地实现个性化教学。

无论是继续使用传统教学模式，还是大力实施网络化教学模式，最终目标都是培养学生的自主学习能力，激发学生的学习兴趣，帮助学生作出正确的判断，快速掌握知识和技能。因此，高职院校应加强网络课堂教学模式的创新，在充分利用先进信息技术设计教学条件的基础上，整合教师的教学资源，以项目教学法分解教学任务，科学建构多元化的网络化职业课堂教学模式。

六、高职教育前景的展望

随着第三产业在经济社会的快速发展，社会职业地位分布出现了新的趋势，出现了广告编辑、设计师、投资分析师、商标代理等一系列的新的专业职位。这些职位要求的技术含量和智力水平都比较高。

虽然近年来各个学校都取得了一定的发展，但从中长期来看，职业技术学院的整合是不可避免的。作为众多职业技术学院的成员之一，我们只有明确学院的发展思路，找准发展的切入点，才能为学院选择正确、健康的可持续发展道路。

七、不断优化是高职院校的发展基石

高职院校是与传统大学有区别的专业特色的高校，高职学生的职业特点决定了他们毕业后可以直接上岗。与普通高校的学生相比，高职学生在走出校门外时具有一定的技巧和技能，并且已经得到了同行业的肯定。与中学毕业的学生相比，高职学生接受过高等教育或习得大学文化知识和专业知识。因此，他们在学历和技能方面具有双重优势。

高职院校的办学特色体现在专业设置、课程设置和具体教学实践上，从专业设置的角度来看，一切都基于社会和市场的需求，因此工作职位非常有针对性，这导致高职人才培养的灵活性较低。从课程设置的角度来看，高职院校的课程设计建立在职业和职业所需的能力要素上。对职业岗位的分析决定岗位能力要素体系，而这个能力要素体系决定了相应的课程体系。在具体的专业教学中，模块化教学系统应按照专业技术岗位的要求进行设计，并强调知识的针对性和实用性。

八、优化教学方向，整合教学资源

明确自身的优劣势，可以为选准教学方向打下坚实的基础。在产品同质化的今天，企业更多地依赖个性化、高质量的服务。同理，学院要打破职业类院校雷同的模式，特色办学是关键的一步。

（一）高职学历教育

高等职业技术教育作为培养技能型人才的"战略阵地"，不仅要关注大专以上的学历教育，而且要加快继续教育的发展。现代社会已进入知识经济时代，学习型社会、学习型组织和学习型社区是经济和社会发展的一个趋势。

（二）以市场需求为导向

学校应与企业相结合，与大公司紧密联系，建立校企联合教育体系，通过多种渠道办学，面向社会及企业。目前，一些高职院校已经开展了这方面的工作。根据我们对用人企业的调查访问得知，毕业生就业后，主要出现缺乏专业性和低效率的问题，解决办法可以分为两个层次：一是加强对学生的道德教育，将

爱国主义教育和孝道教育有机地结合起来。二是学院与企业共同制定一套完整的绩效考核标准，学生经过严格的评估和判定，可以将学生的勤劳精神和专业素质与解决实际问题的能力结合起来。这样培养出来的学生才是具有特色的，受欢迎的，才是一毕业就能适应工作环境的有用之才。

（三）高素质的专业师资力量

高素质的教师是培养高素质人才的基础，学校可以通过两个方面来培养高素质的教师：一方面，对现有专职教师加强岗位培训，提高业务指导能力；另一方面，可以从大型企业中聘用有一定理论知识和丰富实践经验的管理人员为兼职教师。学校对专兼职教师都必须加强管理，建立一支高素质的、稳定的师资队伍，这是高等职业技术教育成功的关键。

九、教学资源整合的意义与基本原则

所谓"资源"，是人们用来创造社会财富的有形和无形的客观存在。教学资源是指学习者可以用来帮助和促进学习的信息、技术和环境，这些教学资源可以单独使用或由学习者组合使用。教学资源的概念具有广义和狭义之分。广义的教学资源是指教学系统中支持整个教学过程并达到一定目的，实现人、财、物以及教学组织和管理等一定功能的所有资源。狭义上的教学资源主要是指教学过程中的物化资源。面对教学资源短缺和高等职业教育扩展带来的教学资源需求的增加，由此产生的矛盾迫使人们研究教学资源的使用效率和有效性。也就是说，通过优化教学资源配置解决这个问题。

教学资源整合是教学资源建设的重要内容，其内涵是优化与重组现有的教学资源。没有开发，教学资源得不到及时的数量补充和内容的更新，就有枯竭之虞；没有整合，教学资源就不能最大限度地得以利用和发挥效益，就有浪费之弊。因此，从辩证的观点出发，教学资源开发和教学资源整合是教学资源建设不可或缺的两个方面。

十、教学资源整合的内容及方法

教学资源错综复杂，且随着科技、社会、生产的高速发展而日趋丰富。只有明确了教学资源整合的基本内容和方法，并在教学资源整合的基本原则的指导下，才具有培养创新人才的现实意义。对教学效果发生重大影响的教学资源，主要有人力资源、教学组织、教学设施、文献资料、时间空间、社会信息、人际情感、校园文化等。下面主要对师资、教学组织及实训基地等教学资源整合进行粗浅的探讨。

（一）师资整合

高职院校的教师资源是学校赖以生存和发展的根本，教师资源的合理使用、优化配置是提高人才培养质量和学校办学水平的关键。师资整合应从以下四个方面着手。

1. 观念整合

学校应充分认识到教师资源的重要性，从学科的整体布局、专业的合理设置、课程体系的要求和学校整体发展的规划出发，规划教师资源的配置与优化，使学校的发展走上可持续发展的道路。

2. 管理制度整合

面对高校中人才的高学历、高职称、高报酬的"三高"竞争潮流，高职院校应做好相应的制度整合工作。

完善优化校内人才资源配置机制，找到每位教师的"亮点"，发挥每位教师的长处，挖掘每位教师的潜力，达到人尽其才的最佳目标。

完善校内传、帮、带的培养机制；鼓励与扶持"会干、能干"的中青年骨干教师攻读硕士、博士学位，以适应办学和科研需要；加强"双师型"教师的培养力度；对于同门课程进行集体备课或教案课件共享以减少重复劳动，实行教学研讨制度化以相互取长补短。

建立合理的人才吸纳机制。有规划、科学合理地吸纳适量的高学历、高技术人才，以适应学院发展的需要。

"外聘"生产一线的工程师、技术人员及管理人员，对高职学生进行技能培训与专业教学，这大大缩短学生就业之后与岗位的"磨合期"。

提倡和鼓励教师跨校供职、任课以及与企业开展科研合作，积极参与高校之间的互聘、联聘，增强校际交流与学科之间的合作，逐步建立教师资源共享机制。

3. 激励机制整合

激励机制整合的具体措施，主要有以下三个方面。

第一，对不同专业、不同岗位职务的教师分别提出更加明确的岗位职责和工作任务，使每位教师增强责任感，激发教师积极进取的动力。

第二，完善教师任用制度和聘任考核制度。结合教师队伍建设的需要，建立符合实际的高校教师"准入"制度，逐步进行公开招聘，对不称职的教师视其具体情况给予相应的处罚，或调离工作岗位。

第三，改革分配制度，体现多劳多得、优劳优酬、效率优先、兼顾公平；对工作业绩显著、贡献突出者给予丰厚的物质奖励，设置特聘岗位和关键岗位，对符合条件者给予高薪聘任。

4. 反馈调控体系整合

为了保证教师队伍的稳定和可持续发展，需要做好以下三个方面的工作。

第一，加强教师队伍建设的总体规划。根据学校的总体改革发展规划要求，结合学科建设以及教学、科研工作的实际需要，详细掌握过去和现在的大量信息，充分考虑今后发展的种种有利条件和不利因素，统筹规划教师队伍，确定队伍规模。

第二，加强编制管理。科学确定全校教师的编制，同时合理设置好各类教师岗位职务，在此基础上根据学科及专业具体情况进行合理配置，使队伍在总量上与学校教育事业的发展相适应。教师资源的配置要与各学科专业承担的工作任务挂钩，以确保各项任务的完成，并促进学科专业发展，尤其是促进重点学科和优势学科形成自己的特色。

第三，注重调查研究。对教师的整体情况进行定期检查评估，总结经验教训，及时正确地掌握教师队伍发展过程中出现的问题，并将有关信息及时反馈到决策部门，为决策部门的调控提供可靠依据。根据新的情况变化及实际需要，对队伍建设的规划和计划进行必要的调整和充实。

（二）教学组织整合

1. 教学目标整合

首先，要重新审视"教"与"学"的关系，确立现代教学目标。教师不仅向学生传授知识信息，还教给学生如何终生学习；教师不仅教导学生基本的生活技能，而且教导学生如何进行技能创新。其次，建立一个动态的教学活动目标体系。建立教学活动的一系列子目标，包括单元课程知识与信息传递目标、个体教师目标、群体学生集体学习目标、个体差异学习目标、学生认知爬升控制目标、技能成就目标、心理发展目标、教学方法与手段运用目标、教学过程控制目标、课后教学信息反馈目标等，针对目标按照优先次序、重点和紧迫性等方面进行有效整合、变更和提高。最后，对教学活动的目标进行科学评估。

2. 教学内容整合

教学内容整合是教学整合的主体，是为了在有限的课时内，使学生获取最多的知识信息，并能以此建立起完整的课程知识体系。因此，教学内容整合需要注意以下四点。

（1）全面

教师在全面掌握和了解课程教学内容与知识体系的基础上，"活化与整合"书本这一"硬"性知识体系，使其转化为易于学生接受，同时又具有可控性的"软"性知识体系。

（2）广泛

教师要以规定的教材内容为蓝本，广泛涉猎与教学内容相关的辅助性、边缘性和前沿性知识，并将其整合到课程知识体系之中，形成对课程教学内容的补充和支持。

（3）精炼

教师要对课程内容把握透彻、融会贯通，讲授过程独到，内容有趣且教法精练，同时要求教师的教学角色扮演得当，教学方法使用恰当，理论与实践结合适当，教师与学生关系处理妥当。

（4）优化

教师在教学内容的选择与组织中进行科学优化，能够把复杂内容简单化，深奥内容通俗化，抽象内容具体化，困难内容容易化，枯燥内容生动化，课外内容课内化，零散内容系统化。

（三）教学方法整合

教学活动的教法要不断整合与创新，应从更广泛的意义入手，具体体现在以下两个方面。

1.正确处理"教"与"学"的关系

"教"为主导，"学"为主体，强调"教"和"学"的平等互动，从"学"入手，研究"教"法，做到"教"之得法，"学"之有效。

2.建构教学方法体系

要建构一个比较完整的教学方法体系，首先要考察各种教学方法的效果和影响，并将其整合到教学过程的整体结构中，根据教学活动的要求，将各种教学方法建构成严格的教学方法体系。其次，在这个系统中，不同的方法必须能够独立运作并相互作用，并且可以起到整体的良好作用与综合效能。最后，要动态调整教学方法体系，使之与教学实践活动相适应。

（四）学生个体的差异性整合

个性化教育与个性化人才是新时代社会发展的需要。学生个体的差异性为课程教学带来了不可避免的难题和矛盾，过分强调个性化教学，必然会造成教学资源的紧张；过分强调同一化教学，必然会扼杀学生的个性化优势。要解决好这一矛盾，最有效的方法就是对学生个体的差异性进行科学整合。

（五）实训基地教学资源整合

高等职业教育培养面向生产、建设、管理、服务第一线的高等技术应用型人才，其主要特色在于所培养的人才具有较强的技术应用能力和较高的职业素质，而实际训练是达成人才培养要求的关键环节。实训基地是实际训练的实施场所，是集教学、培训、职业技能鉴定和技术服务于一体的多功能教育培训中心，所以应对高职实训基地教学资源进行有效整合。

（六）整合资源配置

合并、重组实训基地，改变实训基地松散的管理以及专为某一专业服务的状况。根据功能和专业特点进行改革，集中设置基础及公共课实训教学中心，做到教学资源共享，并依据专业技术应用能力和岗位综合能力的培养要求，设置专业综合实训教学中心。

（七）整合教学内容

对相近课程和实训内容进行整合。独立设置实验课，并单独进行实验考核，由此突出和加强实验教学；同时，根据专业培养目标，专业课程结束后按照岗位能力要求，安排专业综合实训。

（八）整合开办模式

实训基地在教学方面承担着实训环节的教学设计、组织和实施，以及"双师型"师资队伍的建设、教材建设等任务；在管理方面承担着项目建设、设备维护与更新、技术服务、对外培训、资源共享等工作。因此，实训基地应采取教学与管理相结合的综合管理模式，建立与企业、社会市场相互交融的运作机制，积极争取行业、企业支持，从而实现优势互补和资源共享。

实训基地的管理要遵循四个"有利于"的原则，即有利于加强对实训设备的统筹管理，有利于培养学生的实践能力和创新思维能力，有利于提高实践教学水平，以及有利于提高实训基地的管理运行效益。为了能统一调度人、财、物等实践教学资源，进行资源的优化配置，实训基地要向实体化运作方向努力。实训基地的建设仅靠政府的投资是远远不够的，应吸引社会的广泛参与。为此，一是选好建设项目，要想社会所想，以满足社会需要；二是基地不仅要满足学生的实训需要，而且要面向社会培训，组织开展技术开发和推广、职业技能鉴定等。这样既可以解决学院建设上资金不足的问题，又可以加强与企业的交流，实现"双赢"。

第二章 高职院校管理体制改革与全面质量提升

第一节 我国高职教育管理体制改革与创新

一、我国高职教育管理的现状

（一）我国职业教育的管理体系

在我国职业教育管理机构中，教育部是最高机关，与各个职能部门形成宏观管理体制。我国高等职业技术教育主要由教育部职成司负责。对于不同省市来说，其高等职业技术教育活动主要由教育厅高教处负责。当前的这种管理格局直接造成了我国高等职业教育管理的分裂，影响了我国高等职业教育活动的统一与完整。

教育部职成司主要在宏观上对我国各类高等教育机构进行管理与调整，发现各类高职教育机构的问题并进行统筹规划，主要发布一些高职院校的管理文件，发放学历证书。职业资格证书则主要由国务院人力资源和社会保障部管理。学历证书和职业资格证书分裂的局面对我国高职教育的长期健康发展造成了影响。

（二）高职教育机构的投资与经费管理

从前文的论述可以看出，我国高职教育的投资体制正在不断趋于多元化。国家、地方政府、企业、个人等不同类型的投资主体都参与高职教育发展的投资。其中，政府投资的比例低于40%，明显偏低。

具体来看，不同省、自治区、直辖市人民政府负责制定本地区高职院校生均经费标准。国务院相关部门主管的高职院校生均经费标准则由本部门联合财政部制定，依据这些不同的标准，相关部门足额拨付高职院校经费。而由其他投资主体投资的高职教育机构的经费来源则主要依靠学生学费以及社会资助。

（三）高职院校的质量控制管理

在质量控制方面，高职院校按照主管机关的要求进行自查，而不同院校的主管机关则会定期或者不定期检查与评估高职院校。一般情况下，检查机构会提前通知高职院校，高职院校则会提前做好准备。

而在高职院校内部，教务主管部门会采取教学检查、教研调查、毕业生跟踪调查等不同方式进行教学检查。教学质量的监督完全由教学管理者自主把握。

（四）高职教育证书衔接管理

前文提到，高职教育证书管理在宏观上是分裂的。职业教育证书的不同管理模式，导致了不同种类的职业资格证书在内容上缺乏有效管理，认证时存在衔接问题。在当前企业对教育机构的认可上，教育机构的学历证书远远大于资格证书，而且在很多行业也没有职业资格证书体系。

（五）高职教育师资管理

我国高职院校的教师队伍多数是专兼职结合，不同院校的师资队伍构成会有明显的不同。普通高校举办的高职教育主要依靠高校内部的教师，高职教育和普通教育资源共享，不足的师资部分在社会上招聘小部分专职教师和大部分兼职教师予以补充。这种师资模式在形式上能够保障师资队伍的数量和质量，但是在内涵上，则难以满足当前教育的现状。独立的，归地方政府直接管理的高职院校往往会依据自身的实际情况在社会上招聘属于本校的教师，并且对教师进行必要的培养，使之符合"双师型"教师的要求。

（六）高职院校的内部管理

坚持党对教育的全面领导，这是我国教育事业发展的基本原则。目前，我国高职院校普遍采用在党委领导下或者监督下的院长负责制度。一般来说，我国高职院校的管理情况仍然可以按照管理机构进行划分。普通高校管理的高职院校一般是"一套班子、两块牌子"，高职院校作为附属部门接受普通高校的管理，然而这种管理模式并不健全，规章制度不完善。地方政府管理的独立高职院校，一般来说管理模式比较健全，规章制度也比较完善，但是管理上缺乏创新，难以适应社会的发展变化。集资兴办或者企业开办的高职院校，出于自身资金的限制，往往追求低成本，对管理机构进行精简，规章制度不完善，运作不够规范，管理也不到位。各个高职院校虽然引进了校园管理系统，但是管理工作的规范化程度、质量和效率并没有得到真正的提高。

（七）高职教育的课程设置

高职教育的课程设置主要是各类高职院校依据国家相关规定以及市场发展状况，结合自身实力设定的，并且具体的专业课程方案要上报有关主管机关批准。

高职教育机构的课程设置要遵守多个方面的规则。首先，高职院校要听从国家的要求开设基本的人文素质课程。其次，依据相关专业的要求，高职院校要主动开设一些专业的课程。最后，高职院校要有一定的特色课程，以吸引学生。课程开发的自主权在学院，一般是专家教授编写课程教学大纲，任课教师执行教学计划。

我国高职院校的专业课程设置和教学计划并不统一，每个学院会根据自己的特点编写具体的教学方案。同时，各个高校都存在一些不规范的地方。总体上看，各个高校的专业课程设置都包含了公共基础课、专业基础课、专业课三个组成部分。

结合之前的论述可以看出，我国高职教育的课程设置尚且缺乏完整的规划，高职院校的课程亟待统一、规范与调整。

（八）高职教育的组织管理工作

从我国高职院校的教学工作组织来看，我国高职院校教学组织大多采用教师本位制。教师对自己的班级负责，是知识的主要提供者。在这个制度中，学生无法选择教师，也无法选择学习内容，完全处于一个被管理的位置。因此，我国高职院校的教学组织形式相对来说较为单一，对于学生的学习需要难以完全满足。

（九）高职教育的实训管理

实训教学是高职院校教学的一个重要组成部分。我国高职院校编制的实训计划，一般来说不低于总体教学计划的50%，学生的综合实习时间不会低于一个学期。只有这样才会真正培养学生的实践能力。但是由于资金上的限制，高职院校的实训目的很难达到。

二、构建高职教学管理系统

提高高职院校的办学管理水平，是目前的一个重要改革。具体来说，高职院校管理必须从制度入手，深化教学、人事、后勤等体系的供给侧改革，实现高职院校办学水平的全方位提升。对于一个高校来说，由于涉及多样化的管理体系，有必要从现代管理科学的角度入手，构建一个完整的管理体系，实现管理的科学化和系统化。

（一）管理系统建设应遵循的基本原则

《中华人民共和国高等教育法》（以下简称《高等教育法》）对高校的管理制度有明确的规定，要求各高校自主办学、民主管理。这说明，高职院校确定管理系统必须依法制定各类规章制度，遵循管理系统构建的基本原则。

1. 确定统一的指导思想

高职院校管理制度建设是对高职院校管理工作规律的体现，必须依据高职院校的定位，进行科学准确的总体设计，准确把握习近平新时代中国特色社会主义思想的实践要求，构建学校管理的整体框架，建设与学校发展相应的制度模式。

2. 实事求是，具体问题具体分析

对于高职院校来说，不同类型学校有不同的特色。高职院校面对的社会环境和自然环境是制度建设需要考虑的首要问题。具体来看，高职院校的制度建设工作应该具体问题具体分析，在确定的管理制度下，依据不同的工作性质，分类予以管理。

3. 统筹兼顾、相互管理

高职院校在考虑具体的管理框架时，要坚持使用系统思维，在不同的环节中保持工作思路的协调统一，实现不同部门之间的相互配合，发挥高等院校的有机协调功能。

（二）实现管理制度的创新，提高教学管理水平

1. 制定和学分制相应的教学管理制度

学分制，是指以选课为前提，将学分作为单位，以学生取得必要的学分作为毕业和获得学位的条件的教学管理制度。目前，我国高职教育正在向学分制的

方向发展。

依据教育部相关文件的要求，要更进一步地完善学分制管理细则，制定相应的教学管理制度。学院要依据自身实际情况，制定教学管理文件，执行到每一位教师身上，使得每一位教师了解学分制，并认真实行学分制。

2. 制定符合年度教学目标的教学计划

为了满足新时代教学计划的发展，并且把素质教育、创新教育的理念融入高职院校的发展之中，新教学计划必须按照一定的模式构建课程结构体系，优化学生的知识结构，扩大学生在高校学习的自主权。

在执行教学计划之前，必须对学生进行自主学习教育，让学生明白自己在自主学习过程中所享有的权利和担负的义务。同时，要督促教师加强对学生的监督管理，使教师主动指导学生自主学习和选课。

3. 健全院系两级教学管理责任体系

我国高职院校的管理一般实行校（院）长负责制。校（院）长是高职院校发展的第一责任人。其次是主管教学工作的副院长，应做好教学质量管理工作。每学期校（院）长和主管副校（院）长应主持召开教学管理工作会议，听取教师的意见和建议，并对系主任的管理工作进行必要的检查。作为系（部）教学管理的第一责任人，系（部）主任应做好例会主持工作，并把教学质量管理工作做好。

4. 建立系统化的教学质量监督和评价体系

（1）建立针对各系（部）的教学质量评估制度

高职院校应依据自身的实际情况，重新修订针对各系（部）的教学工作质量评估制度。在全校教学工作和各系（部）教学工作的基础上，对教学工作的质量提出监督和整改建议。

（2）建立教师教学质量评价体系

教师除了要接受学生对教学质量评价，还必须接受系（部）、学院的教学考核，考核的内容主要有教案、学生成绩、教学研究成果等。对于教学效果较好，个人教学文件规范齐全，并且有较高学术水平的教师，学院应该给予一定的奖励，并授予其荣誉称号。对于教学效果差，教学文件不规范，学术水平较差的教师，教学管理部门可以对其进行教育，或将其调离教师岗位。

（3）构建完善的教学质量信息反馈制度

高职院校的发展应该增加教师信息员和学生信息员制度建设，对专兼职教师进行妥善管理。教务管理部门应定期召开学生座谈会，听取学生方面的意见，根据反馈的信息发现并解决教学中的问题。同时，教务处与各个教学单位应该定期进行教学检查工作，起到了解教学工作中存在问题的作用。

（三）加强学校教师队伍建设

针对高职院校进行供给侧改革，实现教学质量的提高，关键是要加强高职院校教师管理队伍建设，从根本上解决学院知识技能供给不足的问题，满足学生对知识和技术的需求。

1.加强制度建设，提升学院人才管理水平

高职教育机构应该依据本地区经济发展的实际情况，根据本地区政府制订的人才发展计划，加大人才吸引力度，完善人才吸引机制，以解决人力资源短缺的问题。高职院校应该依据自身人才发展战略，制订具有针对性的教师培养计划，制定一套系统性的、多方位的政策，形成相互关联的制度体系。对于本院校来说，应优先选派一些业务能力优秀的年轻教师去其他院校交流学习，培养出一批具有本校特色的优秀人才。也可以返聘一些身体好、水平高且具备较强科研能力的教授，发挥他们带队的作用。总之，对于高职院校来说，必须搭配好人才管理队伍的年龄结构，保证教师队伍的稳定，防止教师队伍中出现缺口。

2.制定管理措施，不断提高教师的教学水平

学院要刺激教师主动提高自身的水平。一般来说，可以设置学院优秀教师奖，对教学带头人、教学骨干、教学新人给予物质和精神奖励。高职院校应该及时对本校教师进行精神和物质表彰，在学校中营造热爱教学和关心教学的氛围，促使广大教师形成自觉提高素质、提升水平的良好工作态度。

同时，高职院校必须加强教师队伍的管理工作，强化教师的责任意识。凡是具有高级职称和中级职称的教师，必须完成学校的教学工作量。如果高职院校教师连续两个学期不讲课，学校可以予以解聘。教师的教学工作质量考察应该成为教师职称评定的依据，院校实行教学考核一票否决制。

3.加强教师的师德建设

教师应该树立为学生服务的意识，学校应强化教学管理工作，教学管理部

门应对各教师的教学文件进行常规检查，规范教师的课堂教学。在评定教师职称的时候，参与评价的教师应当提供主讲课程的教学文件。学校应加强教师师德的监督工作，对于师德不合格的教师，可予以解聘。

三、构建高职院校管理供给侧改革新模式

高校内部管理制度改革是高等教育发展过程中被不断认识和深入研究的一个重大课题，目的是提高高校内部管理水平，提高高职院校的教育质量。在新时代背景下，我国高职院校管理应以习近平新时代中国特色社会主义思想为指导，实现高职院校内部管理制度的全面改革。

（一）新时代呼唤高职院校的新型管理模式

以习近平新时代中国特色社会主义思想为指导，反思我国高职院校内部管理缺陷，寻求构建新的模式，提高高校管理质量，已经成为新时代高职院校发展的重要途径。我国高校内部管理通常实行三级管理制度，即学校、院系、教研室。在过去高职院校发展的进程中，这种管理模式发挥了积极的作用。然而，随着社会经济的发展，扁平化的管理模式正逐渐被社会所接纳。

高职院校的管理模式应该以学生为本。学生是高职院校能够持续发展的根本。学生在高职院校学习并取得了优异学习成绩，走向社会获得企业的肯定，对于学校来说是一种无形的声誉，是学校隐形的财富。而以学生为本，就需要引导教师树立服务学生、教育学生的基本教学观念，要求教师把提高育人质量作为教学工作的出发点。

（二）以习近平新时代中国特色社会主义思想为指导，构建高职院校管理方案

1.选准突破口，构建高职院校管理新模式

坚持以习近平新时代中国特色社会主义思想为指导，坚持实事求是、以人为本，调动一切积极因素，推动经济、社会和人的全面发展。笔者通过长期的探索，结合我国高职院校的实际情况，初步设计了高校内部管理体制改革的方案，希望能够运用于我国高职院校的改革发展之中。首先，要从体制改革入手，将现行的三级管理模式改变为一级管理模式，只开设学校一级的管理机构，取消处、科、院系，以及教研室等二三级管理机构。其次，进行校一级管理制度改革，切

实履行校长分工负责制度，校长加强对各项工作的管理监督，实现党政分开。最后，加强对学校各项工作的监督管理，改革学校纪律监察模式，实现跨校监督管理。

2. 高职院校领导机构及管理人员职责

在党政方面，设立一名书记，全面负责学校的党组织领导工作，保证党的方针、路线、政策能够贯彻实施，把握学校的政治方向。设立一名副书记，协助书记开展党务工作。设立政策法规制度研究室，主要负责研究贯彻党的各项方针政策，制定学校的相关制度。

第二节　高职院校竞争力与全面质量管理

目前对高职院校影响最为严重的是高职院校毕业生的就业率。在高校扩招以后，社会各项就业竞争力变得越来越大，在这种环境下，高职院校毕业生的就业率就会变得越来越低，"低就业率"现象表面看似是社会在逐渐走向更高水平的就业，实际上，这反映了高校扩招之后高职院校的就业竞争力逐渐下降。

一、高职院校竞争力的模型

高职院校的教育质量竞争是指高职院校比其他类型的机构能够提供更加具有竞争力的人才。这要求高职院校能够充分运用自身的能力和质量管理理念，通过一套完善的学校质量管理体系，令学院各类资源都能够得到全局性的整合。而一套有效的质量管理体系，必须能对日常教学进行规范的管理，在能够定量管理的地方进行定量管理，并通过自身独特的算法创造出竞争对手难以模仿的特色教育。

影响高校教育质量的因素很多，尤其是职业教育更为复杂。影响高职教育质量的因素综合来说可以概括为两类：一类是办学的思路，另一类是教育过程转化。从高职院校的目前情况来看，高职院校所欠缺的不是意识，而是针对本校教学的思路。那些拥有较高办学自主权的高职院校，往往也并没有取得预期的教学质量。而办学自主能力不高的学校，则不能独自决定学校的长远发展方向。

二、教育质量竞争的关键是完善质量管理体系

（一）制约高职院校教育质量提高的因素

质量管理体系的建设必然涉及一定的标准，因此其要与高职院校的发展战略相结合，合理利用高职院校各个方面的资源，构成一个完整的系统，以便对高职教育的质量影响因素进行全面的管理。在教育学中，人们通常把学生在德智体美劳五个方面的素质表现看作是教育质量成果。那么在具体实践中，高职院校必须把影响这些方面的因素看作是质量管理的要素。在处置这些因素的时候，高职院校可以参考ISO9000质量管理体系，采取PDCA循环方法，把每一个要素都放置在问题出现、因素分析、问题解决、发现问题的循环之中。在这些循环问题处理的过程中，高职院校就能够逐渐提高自身的教学质量。

（二）从实际出发建设教育质量管理体系

站在产品生产的角度来看，一个产品从原料到产成品，要经过多个方面的检验。高职教育也是如此。高职院校的教学质量管理可以通过对师资力量、生源素质、现有设备资源等不同方面的建设实现多环节质量管控。作为一个由多个系统构成的复杂体系，高职院校对各个环节进行管理的最有效手段是规章制度。高职院校必须在完整的教育框架之下，构建一套有效的质量管理规章制度，对每一个影响教育质量的因素进行妥善管理。

仍旧以ISO9000质量管理体系为例，高职院校的人员配备必须具有一个能够承担具体责任的执行机构，不要求成立所谓的质量管理部门，但是应该对各个环节的质量进行必要的监督检查。目前的情况是，大多数高职院校将这个职责归于学校的领导者。

三、高职院校提升核心竞争力的经济分析

（一）高职院校的教育质量与学费收入

从一般的认识来看，教育质量和学费收入应呈现正相关关系。但是在政府力量的作用下，教育质量和学费价格的关系并不都是这样的关系。大量的研究者都对这个问题进行过研究，得出的结论是高职院校的收费标准大多是参考普通高校收费标准，学费价格的上浮空间主要受当地的经济条件影响。

在这种关系的影响下，微观经济学理论告诉我们高职院校的质量优势应该有学生数量的增加。而实际上并非如此，一方面的原因是政府力量的作用，另一方面则是学校的招生能力有限。大量的案例证明，学生对明显的质量差异才有所感受，选择哪个学校主要受学校的地理位置和招生宣传技巧的影响。

（二）高职院校教育质量与教育投入

高职院校主动提升教育质量必然要产生高额的教育投入。依据美国质量专家费根鲍姆的质量成本模型，高职院校的质量成本可以划分为控制成本和故障成本两类。控制成本就是高职院校为了保障较高教育质量成本而必须付出的教学质量监督成本。故障成本则主要是指较高教育质量运行过程中出现的教育质量事件对学校外在声誉的影响。

对于学校来说，如果能够系统分析质量成本的构成，并长期保持下去，高职院校的总成本将会不升反降。主要的原因是，高职院校长期以来形成的校园文化会成为学校教育质量保障的一个监督者，教职工的敬业精神会逐渐降低故障成本对学校的影响。因此，对于学校来说，提升教育质量在短期内来看，成本是增加的，而在长期看，成本是可能下降的。

（三）高职院校质量提升的核心社会效益

质量提升的核心社会效益是指社会对高职院校教育教学质量的认可。社会效益是隐含性的，主要表现为高职院校较高质量对社会习惯和特定的环境产生的正向影响。高职院校质量提升的社会效益是外部性的，主要是针对当地的企业。随着社会效益的提升，当地的企业将会因为高职院校较高水平人才的输出而普遍受益。当然，对于承担着基本教育任务的高职院校来说，社会效益则是具有一定强制性的。高职院校的办学必须符合相关社会法律、法规的规定，如果不符合就会受到主管机关的惩罚。

社会效益是高职院校质量评估的主要方面。无论是主管机关评估还是社会评估，都会把高职院校对社会的正向影响视作效益评估的一个重要因素。较高的教学质量能够提升学生、家长和社会对学校的满意度，与学校相关的企业也会对高职院校的质量予以认可，同时毕业生的就业问题也能得到根本性解决。

四、高职院校的全面质量管理

在供给侧改革之下，高职院校的教育质量受到全社会的关注。各类高职院校在科学定位新时代教育培养目标与规格的前提下，把教育教学管理作为工作的重点内容。而且企业全面质量管理的理念也被引入高职教育活动之中，以达到保障学校教育教学质量的目的。

（一）高职院校全面质量管理的内涵

全面质量管理的理念是在统计学的基础上发展起来的，是将质量管理体系中的每一个要素都考虑进来，是提高产品和服务质量的一个有效途径。全面质量管理的理念和以往质量管理方法有所不同，能够对生产活动的质量进行全面、全程和全员的监控。所谓全面性是指任何与高职院校教育质量相关的因素都可以被视为质量管理的重要因素。对于高职院校教育质量的全程管理是指将人才培养质量贯穿在高职人才培养的全部过程之中，高职院校的优质人才必须得到足够的人才培养投入，才能保障人才质量管理。

市场调研产生的数据质量构成了未来人才培养质量的基础。高职院校开设何种专业，培养何种类型的人才，都取决于市场调研的结果。人才培养过程中的其他环节要以市场调研的数据作为基础，形成培养方案的具体预期，从传统的把关型人才培养方式转变成为塑造型人才培养方式，让学生看到自己在一年、两年、三年之后会产生何种变化。在这种模式下，学生学习的动力会不断增强，积极走向自我实现。

（二）高职教育推行全面质量管理的必要性

1. 全面质量管理是供给侧改革下高职教育发展的必然产物

高职院校人才培养的供给侧改革包括两个方面，一个方面是高职院校面向学生的课程和专业知识的供给，另一个方面是高职院校面向社会的人才供给。站在供给侧改革的宏观背景下，高职院校必须首先从自身做起，改革课程和专业知识结构，满足学生和市场的需求，其次必须从全面质量管理的角度入手，提高人才培养的质量，满足企业对人才的需求。

2. 提高学校管理水平与办学效益

高职教育的发展进步成效不大，缺乏对过程和目标的集合管理。高职院校较差的市场竞争意识和较低的管理水平，降低了高职院校的资金使用效率，使高职院校资金捉襟见肘的现象时有发生。而站在全面质量管理的需求下，高职院校必须动用高职学校全员的力量，提高学校人才培养的管理效率，投入最小的成本获得最大的效益。因此，高职院校全面人才培养质量管理是解决高职教育经费不足最基本的手段。

3. 提高高职院校教学质量的有效途径

目前社会上针对高职院校教育的评价基本上有两种方式：一种是企业对高职院校人才培养的结果评价，也就是站在传统评估的基础上，重点评价学校的就业率、升学率和企业反馈信息等；另一种则是政府部门对高职院校的评价方式，对高职院校的教育教学质量进行全面的监控，注重对高职院校教学过程的评价。然而仅仅注重结果的评价对于高职院校的发展是不利的，结果导向最终有可能把高校的发展引入歧途。仅仅注重过程评价对于高职院校来说也是不利的，过程评价花费的成本太高，有可能令高职院校在评价过程之中疲于奔命。因此，要从根本上提高教学质量，就必须将结果评价和过程评价两种评价方式结合在全面质量管理之中，也就是由好的过程引出好的结果。

（三）构建供给侧下高职院校全面质量管理体系的对策

对于高职院校来说，建立人才培养的全面质量管理保障体系是提高高职院校人才培养质量的重要方面。实施全面质量管理，可提高高职院校教学管理的各项活动的衔接效率，发挥高职院校各个构成要素的独特优势，形成一个能够保障高职院校教学质量稳定的有效整体。

1. 确定高职院校发展的定位和目标

有了定位和目标，高职院校的发展才有了基本的"航道"。因此，定位和目标是高职院校长期发展的重要基础，确定定位与目标的时候应该把握三个层面的内容。第一，高职院校提供的是高等教育。高职教育是高等教育的重要组成部分，高职教育培养的人才应该在理论上和技术上明显高于中职教育培养的人才，具备较高的含金量。教学目标应该是培养素质高、能力强，具有较高理论水平，能够运用新技术、新设备的新时代人才。第二，高职教育提供的是实用性教育。高职教育的人才培养必须面向职业岗位的第一线，紧密结合社会的职业需求，认真开展市场调研，强调按需办学和按需施教，提升人才培养的基本能力。第三，高职院校提供的是一种技术型教育，所培养的是技术型人才。

2.确立办学特色是高职院校人才培养模式的核心

（1）高职人才培养要具有实用性

高职院校强调复合型与技术应用型人才的培养。但是，要达到这一目的，必须遵循以下条件。

第一，高职院校人才应达到一定的能力标准。高职院校培养的人才不仅应具备基本的实际技术工作能力，还应该具备多项、多样化的实际社会交往能力。例如：高职院校的外语、计算机实际应用能力；高职院校社会交往、人际沟通能力；承受失败、挫折和压力的心理能力；运用知识独立解决问题的能力。

第二，高职院校的通才要求。高职院校培养的人才必须具备扎实的专业知识和能力，为其持续学习打下坚实的基础，这样他们在拓宽专业口径、拓宽知识能力结构方面才具有一定的优势。

第三，高职院校人才应该具备一定的国际化需求，所培养的人才不仅能够适应国内市场，而且能够通过培养适应国际市场环境。

（2）高职院校专业设置应具备一定的针对性和宽口径

高职院校的专业设置首先应和地方经济结构紧密结合，符合当地就业市场的基本要求。其次，高职教育的专业设置应该保持"宽口径"，令新的社会职业不断融入市场，能够应对未来职业发展变化的趋势。

（3）高职院校的课程设置应该具备职业性

高职院校的课程设置应该打破学科的界限，按照具体的岗位能力培养人才。一方面，高职院校必须有一定的基础性课程；另一方面，高职院校要强调基础课程和实用课程的衔接，使得学生能够认识到实用课程的基础理论，有意识地加强对基础理论的学习。因此，高职课程的设置应打破技术上的狭隘，按照综合化的思路进行重组，在教学内容上要实现人文科学、自然科学和技术科学的有机结合。

（4）高职院校教材建设应具有特色性

高职院校的教材建设可以借鉴国外高职教育的成功经验，组织人力、物力和财力编写一批能够适应本校人才培养需求的高职专业教材，使得高职人才培养具有一定的针对性。尤其是在供给侧改革之下，高职教材建设必须围绕学生知识供给的需求进行编写，围绕高职院校的定位和发展目标进行编写。

（5）教学方法与教学手段应该具有一定的创新性

高职院校的教育特点要求高职院校必须把技能强化训练放在极其重要的位置。这就要求教师打破传统的教学观，让学生在"做中学"，充分调动学生学习知识和技能的积极性，锻炼学生学习知识和解决问题的态度和能力。这对教师提出了较高的要求，所以教师必须能够掌握现代教学技术和手段，及时跟踪行业发展的前景，提高自身教学水平。

（6）课堂教学环节应体现实践性

高职教育的培养目标包含学生的技能水平。因此，高职院校必须突破常规进行实践教学，体现高职教育以人为本的基本理念，增加实践教学的技术含量，体现高新技术的未来发展趋势。高职教育要达到这个发展目标，必须打造专业大类和组建功能较为齐全的、能够满足实践训练的校内实训中心，充分利用实训中心对学生的实践能力进行提升。

3.加强教师队伍建设是高职教育人才培养质量的根本

高职院校人才培养质量的根本是要建立一支"双师型"的教学队伍。培养更多"双师型"教师成为教育发展的现实需要，因此，必须让教师转变自身的教学观念和能力。一方面，教师要接受新的培训，提高现有的学历和实践技能；另一方面，高职院校要有计划、有步骤地提升高职院校教师的能力水平，培养学校的骨干教师，优化兼职教师队伍。再者，高职院校要把从企业聘请的高级工程技术人员引入高职院校课程改革之中，因为这一部分人对行业的发展趋势有较为全面的认识，他们的观点对提升高校教学质量具有十分重要的意义，他们的技术对于高职院校教师"双师型"培养也具有十分积极的意义。

第三节 高职院校学生管理模式的改革

加强学生管理是提升高职院校全面人才培养质量的重要一环。学生管理工作是维系教学育人、管理育人和服务育人的纽带。所以，高职院校要做好学生管理工作，加强学生教学工作，以及实现学生有效管理，做好为学生服务的工作。

一、高职院校学生管理制度的更新

加强学生管理工作，一直以来都是我国高校管理的一个重点。经过多年的改革，我国基本形成了一套完整的学生管理系统，总体上实现了对学生的有效管理。站在供给侧改革的环境下，我国高校学生管理工作可以从以下这些方面入手。

（一）育人为本，德育为先

多年以来，我国高校管理制度改革遵循教育规律，不断提高教育质量，坚持在党的领导下，走中国特色社会主义高职院校发展道路，弘扬以爱国主义为核心的团结统一、爱好和平、勤劳勇敢、自强不息的伟大民族精神。各类高职院校管理人员坚持以学生为本的基本原则，鼓励学生努力提高自身的素质，努力学习知识，自觉增强自己适应社会发展的能力。

育人为本的教育思想要求我国高职院校各类教职人员积极关注学生的当前发展，关注学生的全面发展，不断满足学生的基本需要，把职业教育和学生的终身幸福、价值、尊严等联系在一起。无论从社会的发展、教育的发展还是学校的发展来看，都必须坚持育人为本的基本教育方针。2019年，《国家职业教育改革实施方案》指出，职业教育必须"牢固树立新发展理念，服务建设现代化经济体系和实现更高质量更充分就业需要，对接科技发展趋势和市场需求，完善职业教育和培训体系，优化学校、专业布局，深化办学体制改革和育人机制改革，以促进就业和适应产业发展需求为导向，鼓励和支持社会各界特别是企业积极支持职业教育，着力培养高素质劳动者和技术技能人才"。

（二）以制度形式巩固高职教育管理改革成果

新改革方案的出台关键在于落实。从我国多年高职教育改革的路径来看，应当根据高职教育发展的新形势更新高职院校学生管理规定，将已经产生的问题和已经取得的成果反映在新的制度之中，用制度的形式加以规范。

1.关于主辅修的规定

培养人才是高等学校的基本职能。根据近些年我国各类高职院校开设的新专业的情况来看，我国高职院校人才培养的专业进一步拓宽了，适应性增强了，对提高高职院校的办学水平和人才培养质量起到了积极的作用。但是，我国高职院校专业划分较细、专业范围窄、课程内容落后等现象并没有从根本上得到解决。随着我国社会主义市场经济体制的建立以及完善，对高等教育人才培养提出了更高的要求。党的十九大报告要求，"完善职业教育和培训体系，深化产教融合、校企合作"。这就要求我国高职教育在人才培养方面要不断适应国家、社会和经济发展的需要，坚持科教兴国这一基本国策，培养面向未来、面向世界、面向现代化的社会主义建设者，进一步完善我国高职教育自我发展、自我调节、自我更新和自我约束的办学机制，为学生开设更具针对性的专业，扩大学生课程的自我选择权，培养出高质量的复合型人才。

2. 关于学生跨校学习

为了提高学生综合素质，培养复合型人才，我国《高等教育法》规定："国家鼓励高等学校之间、高等学校与科学研究机构以及企业事业组织之间开展协作，实行优势互补，提高教育资源的使用效益。"我国高职院校的现实情况是，针对性很强，而综合性不足。为了给高职院校学生全面发展提供更好的条件，高职院校之间可以依据实际情况进行优势互补，允许学生在网络上收听公开课程，并由本校审核课程完成情况，考核成绩合格的，给予一定的学分。

（三）依法保障我国高职院校的办学自主权

我国高职院校的发展受到多个方面的影响，管理单位有多个层级，既有地方教育管理部门，也有地方政府，还有中央教育管理机构。在重重的管理单位影响下，高职院校的自主办学权受到了限制。所以，在供给侧改革的背景下，必须保障高职院校的自主办学权，由高职院校自主选择未来学校的发展方向，并接受社会和人民的检验。

1. 高职院校有权自主确定学制

学制是学校管理的一个基础。随着社会的快速发展，原有的学制正在被逐渐打破，越来越多的学校实行了弹性学制，这种学制是以学分作为基础。在传统的管理制度下，学籍管理具有很强的计划性和单一性，学生必须读满规定的学习时数的学年才可以毕业。而在学分制改革以后，学籍管理相对较为灵活，以学分计算学生学习数量，只要取得相应数量的学分，学生就可以顺利毕业，取得相应的证书。这种制度相对来说有利于学生自主确定自己的学习进程。

2. 关于学籍管理的自主权

学籍管理是学生管理工作的重要部分。学校有权自主决定学生的休、复、转、退等各项事宜。学校的辅导员对于学生的各项情况最为熟悉、最为了解，也能够最准确地确定学生的需要。所以，学籍管理的自主权应该归于学校，让学校依据学生的需要自主管理学生的学籍。

3. 高职院校应该拥有学生学习管理的自主权

高职院校学生学习管理的自主权主要涉及以下这些事项。

高职院校有权决定学生学习的进度，确定学生学习的升留级。对高职院校的学生，应当按照教和学的规律，合理安排其学习进度。在学分制主导下，高校学生实际上并没有严格的升级和留级的规定，只有简单的学习顺序规定。高校应该依据学生学习的顺序确定各类课程的顺序，例如新入学学生应该以基础性课程为主（大学语文、大学数学等），在学完这些课程以后，高职学生可以顺次激活各类新课程。一般来说，基础课程、理论课程在前，实训课程在后。

教师应该在教研机构的领导下，自主确定课程的考核形式，对于考核不及格的学生，高职院校可以自主确立学生的重修和补考规定。一般来说，学生课程的考核分为考试和考查两种，原有的考试一般以期末考试为主，成绩评定应参照学生平时表现和测验成绩。这种考核方式有很大的局限性，不利于学生掌握知识，也不利于学生创新意识的培养。在教研管理部门的主导下，高职院校应该鼓励教师大胆进行创新，改革学生考试和成绩评定形式，重点把实训作为考核的内容。此外，学生考核不合格，应该给予学生补修或者补考的机会，而学校有权根据实际情况确定是否给予此次重修或者补考机会。

（四）按照依法治国的要求推进依法治校

20世纪90年代，我国的治国方略发生了重大变化，由主要依靠政策和行政手段治理国家的模式转向依法治国，治国方略的转变对整个社会生活产生了广泛而深远的影响。对于高职院校来说，必须按照法律规定依法办学。

1. 应明确学生和学校的权利义务关系

学生在高职院校求学，实际上是与院校建立了一种特殊的权利义务关系。学校应该在尊重学生的基础上，对学生进行全面管理。学生在学校首先是人，拥有基本的人权，其次是成人，拥有作为中华人民共和国公民的全部权利和义务，最后是学生，有接受教育的权利，有服从学校管理的义务。因此，按照我国法律和学校管理规章制度，学校和学生的法律关系已经基本明确，学生有参与课程的权利，应获得公正评价并对不公正的待遇进行申诉。从学生的义务来看，高职院校学生必须守法守纪，遵守学生行为规范，养成良好的思想品德以及行为习惯。

2.明确学生处分的实体以及程序规定

在实体方面，高职院校必须明确学生在高职院校期间应尽的义务。对于各项规定，最好能够定量予以明确。如果不能定量，也应该在性质上予以清晰的说明。

在程序方面，高职院校的处理可以参照我国程序性法规，对于处分的一般要求予以明确，应做到程序正当、证据充分、依据明确、定性准确、处分适当。关于正当程序，应规定听取陈述和申辩程序，允许学生申诉。这要求学校作出对于学生不利的决定之前，应当通知并且听取相关人员的陈述，目的是给学生说明事实和理由的机会，这样有利于查清事实的真相，作出合理合法的处理。

二、构建高职学生发展性评价体系

发展性评价体系是以促进学生全面发展作为根本目的。在高职教育中，建立学生发展性评价体系，不仅能够使学生更加关注自己的成绩，而且能够发现和发展学生的多方面潜能，了解学生的需求，从而帮助学生认识自我，建立自信。

（一）构建高职学生发展性评价体系的必要性

依据高职学生的需要，构建针对高职学生的发展性评价内容，根本目的是帮助学生认识自己的能力特征，激励学生发展自己的个性，为高职学生的健康成长提供具有正向激励作用的机制。在发展性评价体系中，学生能够对自我进行全面的评价，使得每个学生的潜在优势得到充分的发挥，从而激励学生智力和体力的协调发展，最终实现学生的全面发展。

发展性评价体系有利于促进学生的终身发展。发展性评价体系改变了传统的评价方式，不再以学生的成绩作为评价学生的唯一标准，鼓励学生全面发展，使学生全面成才。从学生的角度看，发展性评价体系时时刻刻跟踪学生的学习状态，引导学生积极发展自己的个性，使得学生调整自己在校期间的精神面貌。从学校的角度看，针对学生的发展性评价体系能够让学校找到育人的方向，在尊重学生各项权利的基础上，推进学校育人质量的全面提升。

（三）以网络为基础，构建高职学生发展性评价体系

互联网、物联网的发展使得一切事物都能够通过网络进行传输。通过制定适当的网络协议，学生的一切信息都可以通过网络进行传输。在物联网和互联网技术下，学生的发展性评价最终能够转变成综合性评价，以此判断学生的个性特点，并帮助教师进行准确决策。

而这一切的前提则是设计一个适当的评价工具。首先，这个评价工具应该能够记录学生日常生活的全部方面，选择典型数据，构建大数据模型，通过网络记录并传输到平台上，结合多方面数据共同形成对学生的综合性评价模式。而这一切，单单依靠高职院校是无法完成的，必须在外部软件公司的帮助下完成。这个软件的设计应该至少开放三个用户模式，一个是学生模式，一个是教师管理模式，还有一个是高校管理模式。不同的用户模式拥有不同的权限，查看到的内容也有不同。一些涉及学生隐私的内容，学生应有权限决定是否对外开放。一些与教师教学模式相关的内容，教师也可以选择是否公开。这种设置能够给予用户充分的尊重，从而让用户接受这款软件。

该指标体系的设置对于学生的综合评价不建议设置等级标准，对学生的兴趣及个性程度可以设计等距考核标准。软件的设计本身是为学生提供学习和锻炼的参考，并不是将学生进行"三六九等"的划分。而要为学生提供参考，则必须为学生的兴趣进行定量的描述与评估。

通过软件的综合性评价，能够充分体现学生学习情况和兴趣特征，促进每一个学生的全面发展，真正做到一切为了学生、为了一切学生、为了学生一切。基于网络软件形成的结合评价报告，教师能够充分了解学生，及时检查学生的发展状况，提醒学生基于一个特定的标准进行自我对照，检查自己的弱项。

三、高职院校学生管理模式的创新

高职院校办学的三个基本方面是专业教学、思想教育和日常管理。而回归到育人的本质来看，思想教育和日常管理可以归为一类，高职院校应依据实际情况进行高职院校学生管理模式的创新。

（一）当前高职院校学生教育管理中的问题

高职院校在学生教育管理工作中已经取得了一定的成绩和经验，为提高高

职学校的办学质量发挥了重要作用。但是由于我国高职院校发展的时间较短，生源结构也较为复杂，高职学生的教育管理工作还面临许多难题和挑战。

第一个问题，针对不同类型的学生如何做到宽严有度。高职学生入学成绩总体来说相对较低，如果学校对于学生的管理很宽松，就容易使一部分自立性和自主性较差的学生因散漫而荒废学业；如果对学生的管理过于严格，则会限制他们的潜能发挥。因此，如何针对高职学生的实际情况，进行宽严有度的日常管理就成为高校必须面对的一个关键性课题。

第二个问题，学生教育和管理脱节的现象仍旧存在。学生思想教育和日常管理相对分离的现象非常普遍，这种相对分离的现象使得高职学生的思想教育和日常管理缺失计划性和科学性，令高职院校学生的思想教育陷入被动。这种被动不仅仅来自高校学生，同时来自高校教师。不同部门相互不了解，相互掣肘，从而造成高职院校学生管理和思想教育工作出现问题。

（二）高职院校教育管理模式的创新

在高职院校学生思想政治教育管理实践中，根据学生的实际情况，一部分高职院校作出了创新尝试。下面重点阐述教育与管理相互结合的创新思考与实践。

首先，针对高职院校的实际情况，整合高职院校教育管理机构，推动学生教育部门与管理部门的深层合作。高职院校学生的主动性和自律性有所欠缺，需要加大引导和管理的力度，针对这种情况高职院校必须给予足够的重视，构建一个系统性工程。传统的部门合作形式常常是一个主管部门带头，其他部门予以协助，这种合作模式多属于松散型的合作。然而，要解决充满复杂性和创造性的学生管理工作，就必须实现各个部门的整体协作。因此，可以依据各个学校的实际情况，把不同的部门进行整合，充分实现各个部门的优势互补。

其次，从系统性的角度思考，针对高职院校的实际情况，可以在高职院校中考虑建设针对学生的教育管理学分系统。这个学分系统主要收集学生的日常表现，并进行分析，形成对学生道德教育素质的综合判断，以及录入教育管理学分。教育管理学分制就是要以学分计量作为基本手段，以学生必须接受的管理实践活动作为基本内容，以提高学生的思想道德素质作为基本目标。教育管理学分包括教育学分和管理学分两个部分。教育学分主要是学生参与各项思想政治教育活动的成绩。管理学分则主要是学生在学校的日常表现。通过教育学分与管理学分的相互结合，实现高职院校对学生思想素质和日常表现的全面监管。

最后，充分利用高职院校的办学特色，挖掘有利于高职院校长期发展的社会实践资源。由于社会实践教学影响因素较多，组织过程也非常复杂，很多学校在实践教学中面临一定的局限性。因此，要打造高职院校的办学特色，必须走产学研相结合的发展道路，高度重视学生的实践环节，推行工学结合的培养模式。

四、高职院校的校园风气建设

高职院校的校园风气不佳是影响高职院校长远发展的一个关键因素。不良的学风严重制约了未来高职院校的生存与发展。因此，要实现高职院校的长足发展，必须加强高职院校学风建设。

（一）高职院校学风建设的意义

高职院校学风建设是高职教育内涵提升、质量提升的重要前提。高职院校的学风是高职院校校园文化的重要组成部分，是高职院校传统底蕴和办学理念的集中体现，是高职院校对外树立以及塑造良好形象的关键构成要素。高职院校应遵循高职教育发展的规律，改变单纯的外延扩张模式，以质量为核心走内涵式发展道路。

高职院校的学风是保障高职院校教育质量提升的关键条件。衡量高职院校教学状态以及教学效果必须参考高职院校的学风建设，因为这直接反映了高职院校的精神风貌和全体学生的求学态度。对于外界来说，这也是衡量一所院校教学质量的直观标准。高职院校的优良学风能够直接反映学校的办学水平和品位，展示高职院校师生的学习风貌，对学生全面成才有着积极作用。

（二）高职院校学风建设中的问题

从当前的情况看，高职院校的学风建设总体存在一些明显薄弱的地方，主要体现在以下几个方面。

第一，高职院校建设者没有足够关注学校的学风建设。很多高职院校大多是从普通中专升级或者合并形成的。高职院校的发展定位存在明显的问题，扩大学校规模，增加人员配备，提升学校硬件条件，一直以来都是这类学校关注的重点。因为对这类学校来说，基础条件的提升要远远大于学校的软实力提升。校领导对学校的学风建设问题不够重视，没有认识到学风建设对于学校的积极意义。

第二，高职院校学风建设尚且缺乏一些行之有效的措施。有些学校已经认识到了学风建设的重要性，但是对于怎样抓学风建设，致力于解决哪些方面的学风问题没有足够的认识。很多学校把学风建设归为校园文化建设，增加学校的艺术团、社团，组织学校的文化活动。这虽然能够在一定程度上促进学校学风建设的提升，但是并没有太大的效果。

第三，部分高职院校的教风不够端正，也对学生的学风产生了不良影响。高职院校在教学方面存在的问题，使得教师不能准确把握学生的心理状态。高职院校的基础条件也影响了学校良好学风的形成。

第四，高职院校不良的外部环境影响学校良好学风的建设。校园周围存在的不良环境所营造的不良文化氛围直接影响到学生的学习兴趣，一些消极的观念打击学生学习的主动性、积极性。

（三）高职院校学风建设的策略

1. 重视高校学风建设的重要意义

校领导的关注，是建设好高职院校学风的第一步。高职院校领导在学风建设问题上必须统一思想，充分认识学校学风建设的重要意义，把学风建设作为提高学校教学质量的头等大事来抓。首先，校领导应积极展开针对校园风气的调查研究，分析新时期、新环境、新条件下学风建设的不同类型问题，制定出具有针对性的措施和目标，把各项学风建设措施落到实处，从而培养出优良的学风。

2. 真正把校园文化作为学风宣传的有效措施

高职院校可以利用校园文化设施开展以"学风建设"作为主题的系列宣传活动。整个高职院校可以召开学风建设动员大会，各个班级召开学生学习经验交流会议，讨论学风建设问题。院校的团支部也要配合开展共青团主体活动日，举行与学风建设有关的系列活动。院校应在教师中开展以学风建设为主题的教师讨论会，增强教师的责任感。

3. 落实学风建设责任制

制度建设是学风建设的一个关键。高职院校对新入学的学生要加强基础教育，让他们认识到学风的重要性，要求他们提升自我管理能力，同时加强学风的正面教育作用，引导他们学会学习和创造。

　　高职院校学风建设需要院校各个部门的协作配合，各个部门都应该把学风建设看作是自己工作的重要部分。教务处、学生处应制定好相关文件，以高职院校的名义要求其他部门协作，使得整个院校共同承担学风建设的责任和义务。

　　4.端正教风，为学风建设提供榜样

　　教风与学风是相辅相成的。学风是教风的反映，教风对学风具有示范作用。教风反映了教师的师德修养与敬业精神，是教师世界观、人生观、价值观的集中体现。高职院校要以社会主义核心价值观为指引，构建良好的教风；通过开展评选和表彰等活动，弘扬高校优良的办学传统，从而营造有利于良好教风和学风形成的校园文化氛围。

　　考风是教风以及学风的综合体现，同时也是高职院校办学水平、管理水平、教学质量和学生综合素质的重要标志。高职院校若能培养和形成良好教风和学风，考风维护就不会出现太大的问题。不过从制度上看，高职院校仍旧要确立并规范更为科学的考试制度，真正测试出学生的理论水平和实训水平。在每一次期末考试之前，高职院校的各个院系必须召开考风动员大会，严肃考风考纪。在考试举行之时，高职院校应组织严密的考场巡查，认真了解学校的考风，对舞弊的学生以及违纪的监考老师及时进行处理。

　　5.积极开展校园活动，充分调动学生的学习积极性

　　学风建设的根本问题是要调动学生自主学习的积极性。在教学改革上，高职院校要认真组织教研活动，及时更新教学内容，把行业内前沿科技成果融入课堂教学。积极革新教学方法，注重课堂的综合性和实践性，探索出一条产学研结合的有效途径。在教学管理上，各个院系必须改变过去"整齐划一"的培养方式，实行更加灵活的教学制度，增大学生学习的自主性，给学生更大的自主学习空间。

第三章 高职高专教学改革与教学质量管理

第一节 高职高专教学工作及其改革

一、高职高专教学工作概述

（一）高职院校教学工作的现状

与普通高校单纯的理论教学不同，高职院校教学活动包含多个方面的内容，既包括纯理论教学的内容，还包括实训教学。因此，高职院校教学在很大程度上受物质条件的影响。高职院校如果没有合适的办学条件，如果不能高效使用教育资源，那么高职院校的办学质量就不可能达到预期水平。

如果把高职院校看作一个完整的系统，那么这个系统至少包括三个构成部分，分别是条件的输入、活动的过程以及结果的输出。高职院校的教学是高职院校活动的构成部分。教学建设和教学管理的实施者是共同构成高职院校教学的重要角色，这两个角色相互联系又相互区别，是两个独立的构成要素。从这个意义上看，高职院校的教学活动可以看作是教学条件、教学建设、教学管理、教学管理四个要素的构成。因此，教学的物质条件是保证高职院校教学工作能够开展的重要基础。

（二）高职院校教学工作的地位

从本质属性来看，教育是培养人才的，而高职教育则是培养高级技工人才。高职院校的价值体现为高职院校的职能是否真正实现。一般来说，高职院校的职能主要表现为三个方面：为社会培养高级人才、发展科学技术以及为社会服务。高职院校的这三个职能从总体上看是相互独立又相互关联的。培养高级社会人才是高职院校的根本任务，也是建设高职院校的根本原因。发展科学技术则是高职院校的另一项重要职能，也是高职院校能够在激烈的社会竞争中培养高水平人才的重要保障。为社会开展各项服务则是高职院校前两项职能的合理延伸，是高职院校对当地社会经济发展的基本义务。

（三）高职院校教学工作的作用

高职院校的教学工作地位决定了教学工作对高职院校的实际教学作用。高职院校教学工作对实现教育目的、实现人才培养目标，以及推动高职院校工作的全面发展起到了十分积极的作用。

1. 贯彻高职院校教育方针，实现高职院校教育目的

我国教育系统的根本目的是培养德智体美劳全面发展的社会主义建设者与接班人，也是我国高职院校教学的根本目标。德智体美劳的全面发展是高职院校对人才的基本素质要求，也是整个社会培养的根本要求。高职院校教育方针也是围绕这个目标设定的。所以高职院校的教学工作对于提高学生的综合素质水平意义重大。在高职院校中，教学是学校教育的基本途径，也是贯彻高职院校教育方针的主要途径。

2. 对学生进行全面教育，实现人才培养目标

高职院校教学工作的一个重要作用是对高职学生进行全面教育，实现未来人才培养的目标。一般来说，人才培养目标是根据高职院校教育管理部门、社会发展实际状况、高职院校的实际需要确定的。当前我国高职院校教学的基本要求是培养具有创新精神和实践能力的高级专门人才，而想要达到这两个要求就必须对学生进行全面的培养和教育。学生的全面培养和教育包括三个方面的内容，分别是向学生传授知识、学生能力的培养以及素质的提高。而知识、能力、素质则是三个相互联系的方面。知识是一个人能力发展和素质提升的基础，没有知识作为依托，高职学生就不可能真正找到能力发展和素质提升的方向。能力和素质则是高职院校学生知识发展的外在表现，高职院校学生的能力和素质的提升也是高职院校学生发展的基本要求。通过教学活动，使学生具有较宽广的知识面，较强的创新能力和较高的综合素质，这是人们对高职院校教学工作的基本要求。

3. 推动学校工作的全面发展

正如前文所述，高职院校教学是高职院校所有工作的中心。因此，对于高职院校来说，其作用不仅表现在人才培养方面，而且还体现在其对教研、科研工作的支持。

首先，可以从高职院校教学工作对科学研究的积极作用谈起，高职院校的历史是我国高技能人才培养的历史，与之对应的是高职院校教学工作内容变化的历史。随着我国社会经济的不断发展变化，教学工作为了适应社会的需要，不断丰富专业和课程。专业和课程的丰富对于高职院校来说就意味着对教职人员的多样化需求，意味着多种类型研究的需要。也就是说，高职院校的各类型科学研究是在教学工作的推动下发展起来的。

其次，从高职院校的实践发展来看，也能得出高职院校的教学需要是高职院校发展主要推动力的结论。高职院校教学能够提升教师的基础理论修养和对未知领域的探索能力，教学工作则可以使教师充分体会到未来行业的发展变化，并向学生揭示未来职业的发展趋势，增强学生的创造意识。教师和学生之间的良性互动则推动了学校各项设施质量的有序提升。只有教学产生了矛盾，教师和学生才会想出办法去解决矛盾，才能提出需求。简单来说，就是教师教学提升了学校的发展水平。

最后，教师教学活动为学校的科研活动提供了源源不断的课题。高职院校的科学研究课题来自两个方面，一方面是社会的发展历程揭示的行业矛盾，另一方面则是高职院校教师的教学活动。高职院校教师是两个方面的统领者，他们一方面接触各行各业的发展变化，从各行各业的发展之中寻觅科学研究的课题，例如大数据、物联网等，另一方面则结合自身的教学活动，把行业的发展变化融入教学活动之中，而教学活动的发展又提出了新的教学科研要求。一些原来不明确的教学内容，在新的行业发展成果的应用下，则会变得更加清楚，而新的行业发展成果应用到教学活动中则会引发新的问题。

二、供给侧下高职院校教学改革的必要性

近年来，我国高职院校的发展取得了辉煌的成就，但是也暴露出了一些亟待解决的问题。从教学方面来看，高职院校教学课程设置不够合理，教材编制也不够系统，同一专业内容在不同课程中反复出现；公共课内容不能够随着社会的发展不断变化；专业基础课与公共基础课的关系不够明显，教学方式较为落后，实训课程发展缓慢，不能随着行业的发展更新实训课程的内容。总之，站在供给侧改革的角度看，我国高职院校的教学工作仍有进步的空间，同时依据行业的前

景看，改革也迫在眉睫。

（一）站在高职院校定位来看高职教学改革的必要性

无论在什么经济环境下，高职院校为社会提供高级技术人才的基本定位是不变的。客观来看，高职院校的定位和根本任务在全社会已经形成共识。而在供给侧改革下，社会行业发展发生了根本变化，高职院校的教学必须主动适应社会发展需要，并为各行各业提供用得上、技能强、具有良好职业素质的应用型人才。

（二）高职院校人才培养模式的转变要求高职院校进行教学改革

高职院校作为培育高技能人才的重要基地，应以技术培养为主设计学生的课程结构。从技术的需要来看，高职院校的毕业生应该具备较强的技术应用能力、扎实的专业基础理论知识，以及较宽的知识面。这要求高职院校压缩原有的理论教学内容，提升高职院校的实践水平，坚决走工学结合的发展道路。高职院校的发展要注重相互学习、共同提高，把培养学生特色作为高职院校未来发展的重点。

（三）从互联网+看高职教学改革的必要性

随着互联网经济的发展，我国各行各业都在进行互联网+的变革。在互联网+的行业发展背景下，推进高职院校的教学改革就成了必须进行的工作内容。

首先，在课程上，高职院校开设编程基础课程是必要的，高级技术人才必须懂得一些必要的计算机编程和通信知识，结合专业的实际需要，使用计算机控制一些工序技术。

其次，在教学方法上，提供基于网络的全方位教学服务已经成为提升教学质量的重要方面。高职院校教学质量的提升可以通过互联网展现出来。正如前文提出的通过互联网技术构建"智慧校园"一样，通过互联网技术也可以实现"智慧教学"。互联网能够针对学生的个性特征，对其进行诊断性、形成性和终结性评价，也可以用来监测学生的日常学习质量，从不同方面督促学生不断提升自己的学习水平。

最后，互联网+技术能够为学生提供必要的知识参考材料。互联网搜索引擎的出现给人们寻找信息带来极大的便利，人们通过一个简单的窗口就能获得非常宽广的视野，把各个学科知识链接在一起。在5G技术的应用下，高职院校发展必须在自身规律的作用下，推进5G技术和高职院校不同专业的有机结合，充分发挥教育对经济建设的助推作用和社会发展对高职院校的支持作用。

三、当代职业教育教学改革理念

理念是引导教育教学改革的思想先导。没有教育理念的创新，教学改革就不可能真正向前推进。然而理念的创新，则要在教学改革的基础上，实现各个时代教学理念的发展。

（一）确立供给侧改革下就业的教学导向

在供给侧改革之下，社会上基本的就业形势发生了变化，过去纯粹的技术工人在新时代就业机会越来越渺茫。新时代需要的是多样化、多层次的技能型人才。而处在这个环境下，职业教育的根本任务是培养数以千万计的具备创新意识的高素质劳动者。

职业教育改革必须确定供给侧改革下的就业导向，面向未来人才技能的需求发展趋势，充分体现新时代学生综合职业能力和全面素质发展的目标，以实训作为当代高职院校教学的特色。因此，高职院校办学必须面向未来、面向社会，依据社会的需求，打造社会急需的各类职业技术人才。

在供给侧改革之下，新时期职业教育的改革和发展奠定了未来就业目标以能力为本位的基本理念。传统教学理念是以学科作为中心，现代教学理念则是以学生的能力作为中心。从供给侧改革出发，学生培养要以能力为中心，必须分析未来职场人士的能力结构，根据这些应具备的基本能力素质，展开针对学生的各项培养工作。

以能力为中心这一教学理念要求教学改革必须把培养学生的能力结构作为重点。而从学生的能力形成来看，其要成为高素质技能型工人，必须具备这几个方面的基本素质，分别是理论素质、执行素质和交际素质。

（二）以理解和掌握为主的教学范式

现代教育教学的基本理念是要求学生能够真正掌握必要的知识和技能，而不是要求学生作为知识的储存器。因此，现代教育教学理念非常重视教学的结构和顺序。后现代教学理念提倡学生进行反思，依据自己的信息和独特的经验，将所学知识联系起来形成对知识的真正理解。

学生敢于进行自我反思，实际上就意味着学生在真正思考，以达到对所学知识的理解和掌握。在职业教育教学活动中，学生自主反思的不仅仅是理论，还包括技能的操作。学生通过反思，把不同领域的要素形成一个特定的虚拟场景，形成一个具备针对性的操作程式，本质上就是一个知识再创造的过程。因此，职业教育教学活动，应积极引导学生进行反思，提高学生对知识的理解和掌握程度。

（三）交往与互动的教学过程

传统的教学理念认为教学过程是教师的教与学生的学相互结合的过程，现代教学理念则认为教学过程应是教师主导和学生学习相互统一的过程，而后现代教学理念则认为教学过程是学生主导学习建构的过程。在这里，教学的主体不仅包括教师还有学生，不仅包括师生个体，也包括师生群体。后现代教学理念把传统教学转化为一种特殊的认识过程，进而把教学看成是一种交往活动，以及一种教师和学生之间的沟通与合作现象。

高职院校教学更加适宜使用这种交往教学方法。高职院校教学主要是技能教学，是一种具象的教学活动。学生和教师的讨论对象是对应实在物体的，如果没有一个适当的结果，学生和教师的讨论活动就不会结束，因此这类讨论目标非常具体，仅仅依靠一个人难以找到一个有效的方法，只有通过不断的沟通交流，学生与教师才能距离目标更近。在这个过程中，学生是沟通的主体，是主动去适应外部环境的。小威廉姆·E. 多尔（William E. Doll, Jr）认为，"教学中的知识不是人脑对客观事物或者外部环境的机械反映，而是学生主动适应外部客观刺激，发挥主观能动性不断建构的过程"。教师和学生的沟通过程就是一个不断建构的过程。在教学过程中，教师引导学生通过有序调查、不断改进计划、学会正确决策，最终完成任务。首先，教师确立一个特定的目标，让学生去收集相关教学资料，学习与目标相关的理论知识。其次，学生围绕具体目标和相关理论知识进行计划和决策，通过不断试验，最终确定一个准确的方案并执行下去。在这个过程中，学生要不断沟通，将理论转化为技能，自主进行试验和确定方案，每一个小组自行完成工作，而每一个学生则独立负责一个方面的工作。在所有试验完成以后，教师负责对学生进行终结性评价。终结性评价通常会带有一个标准答案式的流程，而且也会带有对学生创意和学习能力的评价。在所有工作完成之后，学生要按照教师的要求完成一个报告。这是学生从理论到实践最终再到理论的一个认识过程。

四、两年制高职院校的教学改革

在过去几年，很多高职院校为了适应社会对技能型人才的迫切需求，也为了在一定程度上减轻高职院校学生的经济负担，而将学制从三年削减为两年。相对于三年制教学，两年制高职院校有许多的优势，也有一些明显的缺陷。而作为教师，则必须在这种大环境下进行教学改革，使得教学活动更具针对性和实效性。

（一）影响两年制高职院校教学改革成效的主要原因

1. 高职院校办学理念相对落后

许多两年制高职院校还停留在学校过去的定位上，这导致专业设置脱离了市场的需求，专业结构的调整也落后于社会的发展。高职院校的课程特点则表现为明显的"学科本位"。在两年制课程中，明显的学科本位难以发挥出课程的特色，必须结合实训课程予以实现。因此，很多两年制高职院校往往是基础课—专业课—实训课的结构。而基础课和专业课的内容总体来看较多，导致实训课的综合内容仍然不足。

2. 师资队伍的教学适应能力差

一般来说，高职院校"双师型"教师极少，这直接影响了高职院校应用型人才培养目标的实现。很多高职院校教师没有树立适应现代社会发展需要的教学理念。他们不能真正激发学生学习的积极性与主动性，在课堂上对学生创造能力和实践能力的培养也没有过多关注。在这种模式下，学生在课堂上不会主动去了解知识，缺乏自主创新的意识。而必须按照教师的规则进行的创新是一种模式化的创新，不是真正的创新。

3. 高职院校的教材存在严重缺陷

高职院校的教学活动具有一定的独特性，限于教学活动的特点，教材不可能完全表达出来，而且教材的编者对于高职院校的教学活动也缺乏深入的了解，更没有实际的生产经验。因此，高职院校编写的教材明显存在体系逻辑问题，内容上交叉、重复，而且陈旧。高职院校教师使用这种教材必须配合许多辅助性内容，必须结合足够多的实际生产经验，这就给高职院校的教学活动带来了很多麻烦。

（二）两年制高职院校教学改革的对策

1. 以更新教学理念作为先导

无论是采用何种教学方式，两年制高职院校教师必须认识到理念的重要作用，以正确的人才观、质量观和教学观进行高职院校的教学活动。高职院校的教学活动必须以职业岗位作为基本的导向，以提升学生的职业技术水平作为目标，满足企业对于人才职业岗位的需要。

2. 创新教学模式是教学改革的重点

从前文的论述中可以看出，供给侧改革下高职院校人才培养工作至少应该分为两个方面，一方面要加强学生的知识水平和素质水平，另一方面则要加强学生的技能和实践水平。在教学过程中，高职院校教学活动应建立在"能力本位"的基础上。教师应该坚持基础理论的有效传输和学习，重视理论知识的实用性。

3. 优化教师的素质结构

对于高职院校来说，教师是决定学校能否办出特色的关键。依据国家的要求，高职院校的教师应成为师德高尚、具有较强创新意识的"双师型"人才。这类人才应一专多能，能够深入生产第一线，以熟练的生产操作技能进行教学，拉近课堂和生产一线的距离。高职院校教师必须深入生产第一线，能够和企业合作开发科研项目，最大限度地提升自身的实践技能，有条件的应取得相应的职业资格证书。

4. 完善我国高职院校的教材建设

正如前文所述，对于高职院校的发展来说，高职院校最大的缺陷其实在于教材。所以，高职院校要想实现高质量发展必须革新教材。当前我国出版技术已经能够满足高职院校对于教学能力展现的需求。多媒体类型的教材能够把文字、图片和视频融合到一起。通过移动通信技术，学生能够和教材的编写者直接对话，教师也可以指导教材编写者编写教材，使编写者编写出高职院校适用的教材。

5. 教学课程中应加强实践教学

对于高职院校来说，必须把实践教学作为一个重要内容来抓。高职院校必须革新实训中心，建立模块化技能培养基地，通过不同模块的组合提升高职院校适应行业技术发展的能力。无论社会怎么变化，各个专业仍旧要依靠这些基础性的模块进行组合，达到提升社会发展质量的目的。高职院校教学应把握这个规律，将其应用于提升高职院校实训教学之中。

6. 引入智慧校园，改善学生评价制度

高职院校的教学要转变学生对待学习的态度，首先应该转变对学生的评价方式。前文讨论了高职院校智慧校园建设的初步模式，这里再做一些探讨。以学生为根基的智慧校园建设采集了大量的数据，这些数据能够形成对学生学习评价的基础，要有意识地将其引入学生评价之中。

五、构建以学生为中心的课程教学体系

高职教育的根本任务是培养具有创新精神、创业能力的高等技术应用型专门人才。为全面贯彻党的教育方针，高职院校必须树立以学生为本的教学理念，要建立面向学生，以学生为中心的课程设计思想与教学理念。在这种教学模式下，必须围绕人才培养目标制订方案，以期达到培养高素质人才的根本目标。

（一）以就业作为导向，改革课程体系

在巨大的社会压力下，高职教育的就业率逐渐降低。所以，高职院校必须主动适应社会，适应经济发展的需要。在教学方面，高职院校的课程设置必须充分体现以学生为中心，反映社会对毕业生知识、能力素质的要求，反映我国社会生产力和科学技术的发展水平，实现高职院校学生的可持续培养。

围绕这些基本原则，高职院校的课程建设应将理论教学体系、实践教学体系、素质教育体系作为三个重点内容。理论课程注重培养学生的专业能力，实践课程注重培养学生独立处理问题的能力，素质教育课程则应贯穿整个课程的人才培养过程之中。

（二）围绕学生的能力实现教学改革

上述的原则为教学改革制定了一个框架，但其根本的目标仍旧是培养学生的职业能力，这和学生的知识、技能以及学习态度相关。学生需要具有的技能种类是在市场调查过程中得到的。学生能力形成的结构则是围绕学生知识转化为具体能力的细分入手。从学生能力形成的过程来看，学生能力包括核心能力、方法能力以及社会能力。其中核心能力是指学生的专业能力，主要是学生的职业胜任能力，这是学生能够在社会上生存的根本能力，所以高职院校教学必须培养好学生这方面的能力。所谓方法能力则主要是指学生的学习能力和应用专业知识的能力。在这个方面，高职院校教学应围绕学生学习能力的培养，帮助学生真正掌握知识，有效构建从简单信息到系统理论的认知过程。学生掌握了这个过程，就能够在形成一个系统的逻辑结构，他们可以通过这个逻辑结构主动认识外界事物。

第二节　供给侧下高职院校教学模式的创新

从教育学的原理来看，高职院校教学模式主要包括课程观、课程内容、课程结构以及课程评价体系等特定组合的方式，即在一定课程指导下，课程内容以及进程和安排在时间和空间上的组合。从高职院校教学与社会的关系来看，高职院校教学模式必然要在社会经济发展以及技术进步的影响下实现变革。因此，针对高职院校教学模式的研究必须从不同的培养目标和特定组合上入手，高职教学模式应在内容、结构、指导思想等多个方面进行创新。

一、高职院校教学模式创新的主要内容

（一）高职院校课程观的创新

随着高职院校改革的推进，各种类型的课程观都在影响着高职院校。而基于我们上述的讨论，高职院校课程观，必须在能力本位的基础上，随着社会的发展向多元整合型发展，才能有利于学生职业能力的培养。因此，对于高职院校来说，吸取不同类型课程观的优势，形成一种多元整合的课程观，对我国高职院校发展具有十分积极的意义。

（二）课程结构的创新

高职院校课程结构创新有三个层次，分别是专业课程定向结构创新、课程中不同教学内容要素的创新、课程编排模式的创新。专业定向结构是指高职院校学生在一定的学制内面临的专业范围和专业方向的选择。专业内容要素的创新则是指高职院校课程文件的编排方式在纵向和横向上进行新的排列组合，按照一种特定方式实现特定知识排列，实现知识的综合化。

（三）教学内容价值取向的创新

高职院校课程综合起来主要由知识、技能和态度三个方面的要素构成，是基于不同的培养目标确定的。然而在如何选择三个方面的内容上就有一定的价值取向问题。

1.高职院校知识教学的价值取向

高职院校知识领域的教学首先要着重处理好理论知识和经验知识之间的关

系，必须把理论知识和经验知识结合起来，增强知识的应用性。理论知识是对经验知识的高度总结，学习理论知识就是学习别人的实践经验。其次，要注重知识的选择，加强学生的基础知识学习。最后，要注重高职教材知识的更新，随着行业的发展而不断发展下去。

2.高职院校在技能领域的价值取向

随着行业技术的不断更新，高职教育在教学过程中必须重视技术教学的发展。从技能形成的角度可以把技能划分为再造性技能、创造性技能两种。再造性技能是指对一类已知的问题应用一种已知的程序和算法。这种技能的教学可以讲清楚技能的具体步骤，并引导学生把技能运用在一个新的领域，令学生能够熟练使用某种已知的程序与算法。创造性技能则主要是指应用抽象的理论或者策略发现一个新的程序。这种技能的教学则主要是对理论知识进行引导应用，能够运用理论知识形成的框架引导学生应用这种知识。

二、高职院校项目教学模式

项目教学模式源自约翰·杜威（John Dewer）开创的设计教学法。设计教学法主张学生学习必须有一个准备解决的实际问题，活动必须由学生负责计划和执行，包括有始有终的增长经验活动。学生依据自己的兴趣决定自己学习的内容，在自己设计和负责的活动中获得有关知识和解决实际问题的能力。在这个理论基础上，许多项目教学的研究逐渐兴起。在20世纪80年代，这类项目教学方法在高职院校正式应用。

在职业教育活动中，项目教学是学生通过共同实施的项目工作进行的教学活动。项目本身是以生产一件产品或者提供一项服务作为目的的任务。项目教学活动是把项目作为一个独立的任务交给学生，学生独立完成信息的收集、方案的实施与最终完成后的评价。通过一个个项目的实施，学生不仅能够掌握一定的智力技能，还能够掌握项目的重点与难点。教师则在其中起到引导的作用。

（一）高职院校项目教学的构成要素与基本特征

1.项目教学的构成要素

从高职院校的教育职能来看，项目教学模式在高职院校较为适合。项目教学主要由内容、活动、情境和结果四大要素构成。

（1）内容

高职院校项目教学的内容是从真实的工作场景入手，主要内容来自学生将要从事的特定行业。以动画设计为例，高职院校项目教学的内容很有可能就是一个个特定的动画角色，学生要根据教师给予的项目任务，为其设计一定的角色形象。在这种模式下，学生被划分成若干个小组，组长负责工作的安排与分配，在规定的时间内完成老师交给的任务。学生可以在有问题的时候咨询老师，老师可以根据学生提出的问题在课堂上展开教学活动。显然，对于学生来说，这种方式培养了他们的组织能力和创造能力。

（2）教学的主要活动

高职院校项目教学的活动主要是学生利用一定的工具和方法解决问题的特定工作活动。在项目教学活动中，学生不是被动接受老师的知识传递，而是依据自己的任务对知识有选择地分析和理解。因此，学生的学习活动是依据实践，且具有一定探究性的。当然，除了老师的帮助，学生也可以在网络上进行相关的搜索，或者选择课本进行参考。这类教学活动有如下这些方面的特点。

第一，这类活动具有一定的挑战性。学生不可能通过简单的咨询就能够完成任务，必须在咨询学习的基础上，运用已有的知识，并学习新的知识和技能，学生提交的任务成果必须具有一定的创新性。

第二，这类活动具有一定的建构性。在项目进行过程中，学生可以得到包括任何人在内的帮助，通过亲身体验项目的完成和知识的产生，建构属于自己的知识框架。

（3）项目教学的主要情境

所谓情境是指学生进行探究学习的环境。这种环境可以指真实的工作环境，也可以指借助信息技术对工作环境的再现。

学生的情境学习有如下几个方面的作用。

第一，学生的学习情境能够促进学生的合作。在项目教学活动中，教师设定或者学生自行决定一定的主题。围绕这个主题，学生主动查找资料，相互协作，最终完成项目作品。

第二，学生的学习情境有利于掌握行业的前沿技术以及工作的基本过程。许多技术知识都隐藏于技术实践之中，只有通过一定实践活动，才能真正掌握一项工作从开始到完成的全部知识。学生技术实践的情境为学生的职业能力获得提供了一定的环境，帮助学生拓展自己的能力，为他们更好地走向行业奠定了基础。

（4）项目学习的结果

所谓结果是指项目学习结束以后，学生完成的实践成果和掌握的知识、技能和态度。实践成果的获得并不容易，包含许多辛苦的付出和创造性的思考。学生要团结协作，贡献自己的智慧和力量。在这个过程中，学生不仅能够发现知识是如何运用的，而且能够发现自己的特长，使得自己的心理承受能力得到一定的锻炼。

2. 项目教学的基本特征

从上述对项目教学的不同要素论述可以看出，项目教学和传统教学相比，其特征主要表现为以下这些方面。

（1）教学内容以工作任务为依托

项目教学围绕具体的教学任务和实践场景展开教学，是和行业发展紧密联系的。对于职业院校来说，其项目教学通常是和企业的工作场景联系在一起的。由于院校和企业的特殊关系，教师能够经常到企业考察，学习企业工作的流程，发现企业工作的问题，形成一个个项目教学模块，从而按照工作过程建构教学的内容。

（2）项目教学活动以学生作为主体

从项目教学的实践活动来看，项目教学活动通常是以特定的工作小组为中心。这种教学组织模式，有助于学生团结协作，形成他们工作上的责任感，体会集体对于个人、个人对于集体的意义。同时，学生和小组同学之间的交流则有助于增进同学之间的感情，使得学习氛围更加融洽。而作为一个集体，学生参与到项目之中，能够认识到自己的主人翁精神，能够体会到项目完成获得老师肯定的愉悦感。

（3）学生学习成果的多样化

由于学生在学习的时候是积极主动的，而且对于知识是有选择的，因此他们学习的成果并不一致。项目教学为学生提供了一个宽松的教学环境，学习成果不再是简单的理论知识积累，而是自身职业能力的提高。作为一种综合能力，职业能力的形成不仅仅依靠老师，更在于学生自己。教师对于学生职业能力也不再是学科式的评价，而是由项目抽查的结果去综合评价学生的各项能力。因此，对于学生来说，学习成果不再是唯一的，而是多样化的。

（二）项目教学对教师提出的要求

与传统的教学模式相比，项目教学模式对教师的素质提了更高的要求，使得许多教师在教学活动中面临诸多问题和挑战，主要体现在以下这些方面。

1. 项目教学要求教师成为行业专家

在教学活动中，教师必须具有较高的职业水平，要成为行业内的专家，了解企业的工作过程和经营过程，从整体上对每一个项目都有所熟悉，能够针对学生项目的问题，提出指导性意见，并且能够针对所有的学生项目找出共性的问题给予解答。项目教学是以典型的职业工作任务组织教学内容，教师如果只具有专业知识，则很难胜任项目教学工作。

2. 教师应该具备跨学科学习能力

在传统的教学中，教师都有自己擅长的专业，能够独立完成教学工作，可以不和其他学科的教师进行交流。但是项目教学则是多个学科的综合，对于绝大多数教师来说，只掌握一个学科很难完成教学工作。这就要求教师具备跨学科的能力，不仅要对本学科知识和技能娴熟，还要了解相邻学科的知识和技能。另外，教师必须具备团队合作的能力，要从个体工作方式走向合作，联合不同领域的教师进行项目教学。

3. 教师必须要创设学习情境能力

在项目教学过程中，教师是主要的情境创设者，所以教师必须熟悉项目教学的内容，对学生提交的项目作业进行深入研究，准备好项目开展过程中涉及的相关知识，注意和其他教学手段以及教学方法的协调配合。同时，对于不同组学生学习的项目给予适当的鼓励，提升学生的自我成就感，激发学生学习的积极性和学习的热情。

4. 项目教学要求教师对自身教学过程的角色给予重新定位

传统教学活动中，教师是知识的传授者，学生是知识的接受者。而在项目教学中，教师并不只是一个简单的知识传授者，还要解答学生在项目执行中的疑惑，并对项目的发展方向给予指导。

完成一个项目，通常来说要划分为三个不同的阶段，也就是项目的准备、实施和评价。所谓项目的准备是指教师要在这个阶段为学生提供一些项目相关的知识，例如项目完成的目的、需求以及技术参考指标等。

三、职业活动导向教学模式

在高职院校的教学过程中，很多院校都在围绕如何提高学生的综合职业能力，开展多种教学模式的研究。其中一种应用较为广泛的教学模式就是职业活动导向教学模式。这种教学模式注重学生对职业的全面适应和能力提升。在高职院校教学活动中，这一教学模式也正是为了适应职业模式的转型而出现的。

（一）职业活动导向教学模式的内涵

所谓职业活动导向教学模式，是指以高职院校的就业作为导向。这种教学模式以国家规定的高职院校就业作为标准，在学习内容上培养学生具有适应职业要求的综合职业素质。

从本质上看，职业活动导向教学是指在整个教育过程中，创造一种教和学相互互动的社会交往情境，把教学作为一种社会交往情境，从而产生的一种行为理论假设。在教师的精心设计之下，学生按照老师的引导，手脑并用，身体力行地获取知识和技能，自行完成学习任务，引起学生学习的主动性，发现学习过程中的各项问题，提升学生的综合学习能力。

（二）高职院校职业活动导向教学模式下的能力结构

职业活动导向教学模式下，高职院校重点要培养的是学生的关键能力。对于关键能力的分析，可以从纵向和横向两个维度上进行。在纵向能力上可以将其划分为职业能力和关键能力，在横向上可以划分为专业能力、方法能力和社会能力。

关键能力是学生在社会上赖以生存的根本，是其必须具备的跨专业、多功能和不受时间限制的能力，要能够不断跟随社会的发展而持续发展。

关键能力中的专业能力是指学生从事专项活动所需的技能以及相应的知识，是关键能力的核心。社会能力则是学生工作、学习和生活中主动与他人交往的能力，是人们具备的情感、态度和社会交往的能力。方法能力则是人们使用不同的工作方法以及学习方法，主要是调查、分析、计划、评价等。

在职业活动导向下，教学模式主要以学生学习作为中心，教师教学处于辅助地位。而且学习的内容也不再是传统的学科体系，而是在职业活动分析的基础上，以职业活动作为根据，综合不同学科的知识点和技能，形成以培养职业关键能力为中心的教学模式。

（三）职业活动导向教学模式的要求

职业活动导向教学模式和传统教学模式相比，所面对的群体发生了变化，在实施职业活动的时候，一般要围绕一个具体问题展开。因此，实施的条件应满足以下几个方面的要求。

第一，高职院校教学设备以及教学环境应该满足教学的需要。学校应具备基本的实训室，拥有合格的实训设备，适用于教学过程。

第二，教师应该适应职业活动导向教学模式。职业活动导向教学模式对教师提出更高的要求，首先，教师应该充分熟悉学生的情况，注意到学生学习的个性差异，充分挖掘他们的潜力，引导他们积极参与教学活动。其次，教师应该积极转变教学观念，根据教学模式的需要，调整教学的风格。教师应熟悉企业的运作情况，能够根据学生的实际情况安排教学内容。最后，教师应该认真备课，在教学过程中，教师应尽可能多地向学生展示操作过程，引导学生去学习。

第三，职业活动导向下的教学活动要求培养学生的团队精神与合作意识。在学习中，每一个学生都应该积极参与，能够展现出自己的优势和特长。只有这样，通过教师的指导，学生的职业能力才能够真正得到提高。

总之，在职业活动导向教学模式下，高职教育应该围绕职业活动，将职业活动中的不同问题进行准确划分，教师应在每一个阶段培养自己的职业行为能力，使得高职教育质量向纵深发展。

第三节　高职院校教学质量全面提升

一、高职院校教学过程与教学质量管理

在供给侧改革下，必须强化高职院校的质量管理意识，这是社会发展对高职教育提出的基本要求。近些年来，我国高职院校连续扩招，为高等教育的发展带来了契机，但是也带来了诸多问题。如高职院校的教学设施不能满足学生的需要，教育资源供给严重不足，学科专业结构失衡，教学管理滞后，等等。因此，

研究以及探索教学质量控制与保障体系的课题，形成适合我国高职院校发展需要的教学质量管理模式是我国高职院校发展的重要使命。

（一）教学管理体系变革是提升教学质量的基础

在高职院校管理者的领导下，教学管理部门应以确定的教学管理模式为中心，积极主动管理学校的各级机构，完善教学管理指挥系统、教师教学参考系统以及教师教学的执行保障系统。所谓教学管理指挥系统是指在健全的教学工作领导体制下，形成一个目标一致的教学改革指挥运作系统。教师教学参考系统是指教师在指挥系统的管理下，针对教学中出现的问题，能够主动咨询一些权威人士或者参考一些资料，确定具体的教学内容和教学计划，从而保障教学工作能够持续开展下去。教师教学的执行保障系统是指高职院校在教学管理工作中保障教师能够持续教学的机构，主要有后勤保障、教务保障等。高校教学管理工作的中心是教务处，提高教学质量必须强化教务处的管理职能，提高教务处管理干部的各方面素质。在执行运作过程中，教务处的各项指令要与院系级教学管理部门有效衔接，从而提升教学工作的效率和质量。

高职院校教学管理的模型应该构成一个环状结构。所谓环状结构是指教学工作从校长到各级教学管理基层单位能够有效沟通和协调，最终形成一个信息闭环，从而实现高校教学质量的提升。环状结构是指令—反馈—指令的良性循环，并不排斥外部信息的介入。环状结构中的每一个组成部分都能够和外界进行联系，引入外部信息，进行信息的优化和整合。在这种工作模式下，教师可以持续了解校领导、社会对教学质量的管理和期望，从而将其应用在教学活动之中。环状结构的开放性，让教师能够主动了解教学质量信息，不断对教学工作中出现的各类问题进行研究和解决，并反馈给校长，提出高职院校教学质量管理的新目标。

（二）高职院校教学督导评价是高校教学质量的重要环节

从前面关于环状结构的论述可以看出，高职院校教学信息的反馈和监督是保障其教学质量的关键环节。在教学目标的执行过程中，教师的教学效果和学生的学习效果都可以通过反馈和监督直达主管校长。具体来说，高职院校的信息反馈有多种不同的渠道，高职院校应采用适合本校特点的模式。

高职院校教学督导机构应该由一些具有较高学术水平和较强责任心的老教

师组成。这些成员关心高职院校的发展，在教师群体中德高望重，具有丰富的教学经验。他们可以深入教学一线，采用听课和调查等方式检查监督教师教学不同环节的质量。在教师督导的过程中，老教师应着重发挥他们在经验上的优势，分析高职院校在发展中遇到的实际问题，提出切实可行的整改措施与方案。

（三）教学研究是建立教学质量监控体系的前提

为了搞好教学研究工作，发挥教学研究对高职院校教学的重要作用，构建一个教学研究体系是非常必要的。我国高职院校正在经历着一场深层次的改革，将会不断出现理论和实践的问题。我国高职院校迫切需要通过研究解决这些问题。伴随社会的发展以及科学技术的进步，教学改革已经变得非常必要，许多过去的观念、内容、方法、手段已经严重阻碍高职院校教学质量的提升。在改革的时候，教学研究体系是先导。高职院校要发动一线教学管理人员和教师，针对教学管理和具体教学实践中的各项问题进行深入研究，解决这些改革中的问题。

二、构建高职院校教学质量保障体系

教学管理活动的本质就是协调高职院校内部的资源，提高教学的效率和质量，完成既定的教学目标和任务。因此，教学管理活动涉及教学思想、教学计划、课程教材、实践活动等不同方面的因素。可以见得，教学质量管理是高职院校教学管理活动的关键。

（一）教学质量保障的含义

1.广义的教学质量保障

从广义上看，教学质量保障是指一切有利于教育质量提高的，有计划和有系统的活动，包含了教学质量管理的所有因素。首先，从宏观上说，教学质量保障包括办学条件的保障。高职院校教学活动必须具备一定的硬件条件，否则人才培养质量就难以保证，硬件条件包括教学经费、教学仪器、学校教室和实验室等。其次，高职院校合格的师资保障。高职院校教学活动不同于普通本科学校的教学活动，教师不仅要具备理论知识，还要拥有一定的行业知识储备，具备较高的实践操作水平。较高水准的师资能够有效提升高职院校的教学质量水平。再次，高职院校教学基本条件的建设保障。高职院校教学工作应该建立在良好的教学基础上。高职院校应该重视课程内容建设、教材建设、实践基地建设和学风建设等一些和人才培养质量直接相关的因素。最后，高职院校教学改革的保障。高职院校应不断进行教学改革，保障教学内容能够跟上社会发展的步伐，保障培养的人才能够适应社会的需要。

从狭义上看，教学质量保障主要是对教学质量的监督和管控。这种监督和管控主要是针对教学质量目标设计的。教学质量监督和管控工作应该和教学工作相互结合。从质量监控上看，高职院校教学活动必须不断革新，才能真正实现教学目标。教学活动从本质上看需要根据学生的差异性、社会的发展速度等不断变化。但是从计划的角度看，教学质量的监督必须有一个统一的标准，为各个方面所认可。这种动与静的矛盾要求教学活动和教学质量管控工作有机结合，这是真正实现教学质量提升、发挥教学管控作用的关键环节。

（二）高职院校教学质量保障体系的构建

体系的构建是指具有共同目的、相互联系而且相互制约的不同要素构成的一个系统。高职院校的质量保障体系是围绕高职院校教学质量而构成的一个质量提升和监督管理系统。保障体系的各个元素发挥了不同的功能，又可以划分成不同的子系统，具体来说可以分为师资保障系统、科研保障系统和社会服务保障系统。在实践中，高职院校的教学质量实际上是一个动态的状态，质量保障也就成为一个动态的过程。高职院校教学质量保障体系可划分为以下三个子系统。

1.高职院校目标保障体系

目标起着导向作用。高职院校教学质量与其提供的社会人才紧密相关，因此高职院校教学质量要围绕高职院校的人才输出建立目标保障。目标保障包括目标确定、调整以及修订等一系列过程。质量是动态的，目标确定也应该成为动态的。通常都是通过信息反馈对目标不断调整和修订，删除过时的、不适应的，增加一些新的、适应的。只有通过这种方式才能保障高等教育输出的人才满足社会的需求。当然，高职院校目标也有一定的稳定性，能够稳定地引导人们向着特定方向努力。

在目标保障体系中，高职院校的管理层是目标确定、调整和修订的主体。管理者应该根据收集来的信息，主动参与到目标的确定和调整中，全面反映社会对高职院校发展的需求，并且及时准确地作出信息反馈。在这个过程中，教师和政府部门应该成为监督者，从微观和宏观两个层面监督管理层制定高职院校教学发展目标，并给予一定的信息反馈和科学的指导。

2.高职院校投入保障体系

高职院校的发展需要投入相当的人力、物力和财力，投入的质量直接影响到了高职院校教学的质量。因此，建设投入保障体系是高职院校教学质量保障的基本条件。

3.高职院校教学过程保障体系

抓好教学工作是高职院校的首要任务。教学过程保障体系是指建设一个能够检测教学工作的动态过程，对各个影响环节进行检测，作出必要的反馈和修正。教学过程保障体系监控的内容应覆盖由新生入学到最终毕业的全部培养过程和服务过程。教学过程中的各个因素是相互影响的，只有全面提高针对高职院校人才的培养和服务质量，才能最终保障高职院校教学的人才培养质量。

三、高职院校教学质量监控体系的构成

高职院校教学质量管理包含一定的隐含性因素，无法像工业品那样进行数据化的监测。为了有条不紊地进行人才培养质量管理，防止随意性和减少失误，就必须依据不同的环节与内容，确定科学的方法，建立事前、事中和事后三个阶段的全过程监控体系。

具体的监控系统构成包括监控者、被监控者和监控活动三个部分。

（一）监控者

监控者是指构成高职院校教学质量监控管理的相关机构和人员，包括校、院、系三级。第一层次是指高职院校的教务管理层，主要包括主管校长、校教学指导委员会、教务处等相关机构和人员。院校一级的教学质量监控者在整个监控活动中起主导作用，其中教务处的作用最为突出。教务处是在校长的领导下对高职院校的工作进行组织和调度，是学校教务管理的主要责任机构，主要职责是制订教学质量方案，进行教学调研和质量监督，并进行学生学习质量监督工作。

教学质量监控的第二层次是院系的教学质量监控管理机构以及相应人员。这一级的教学质量管控是依据高职院校整体的办学指导思想以及教学制度、管理规定，对全院的各个系进行教学计划和教学环节的安排。院一级的教学监控主要是贯彻校一级的教学管控指令。

教学质量监控的第三层次主要是指教研室这一级的教学质量监控管理。教研室是教学质量监控的基础，主要职责是根据教学质量管控的目标和教学计划要求，依据教师的实际情况编写教材讲义，审批教案，组织教师进行业务学习，开展教研活动，进行教学改革。

（二）被监控者

凡是对教学质量构成影响的因素都是应该受管理的对象。这种因素的影响是多方面、多层次和多因素的。影响教学质量的因素概括起来主要包括人的因素、物的因素、管理因素等。

影响教学质量的人主要是指教学活动中的教师、学生和管理干部。影响教学质量的物主要是指教学管理活动中的各类硬件设施。人的因素和物的因素在教学管控中有各自的地位和功能，但是这些因素又可以作为一个整体产生作用。如果要令各个要素发挥最佳效率，就离不开教学质量管控中的管理因素。越高的教学管理水平，人和物的作用就越是能充分发挥。因此，教学质量监控中的管理因素也就是监督管理中的重要因素。

（三）监控活动

高职院校的监控活动主要指监控者对被监控者实施的控制活动的内容和形式，以及实施这些活动的过程。

1.高职院校的监控内容

所谓监控内容主要是指对影响教学质量的各个因素进行监督和管理。从主要内容上看，有专业建设、教材建设、实践教学、基地建设、校园学风建设、教学队伍建设、管理制度建设等。这些方面的建设是教学质量的基础，反映了教学质量的静态情况。教学运行状况则是对教学质量的动态监管，主要包括对教师教和学生学的动态监督。对教师教学的监督内容主要包括多学生课程授课计划、备课教案、上课情况、课后辅导等方面。对学生学习的监督内容则主要包括学生的课前预习、上课听课、课后复习以及练习等方面。教学管理本身也是教学质量监督的重要内容，包括教学管理组织、教学岗位分工、教学制度运行等方面。

2.高职院校监控的具体形式

高职院校的监控形式反映了教学质量监控的方式方法，主要体现在教学制度规范、督促检查、评估评价以及反馈调节等不同方面。高职院校的教学制度是进行教学监督检查的基础，包括教学计划、教学大纲、学习进度等不同方面。督导检查则是教学质量监督管理中一项不可或缺的内容，必须通过督导检查制度把各项教学管理制度落实。一般来说，督导检查可以划分为定期督导检查和经常性督导检查两种。定期督导检查主要通过教学准备检查、期中教学检查、期末教学检查等不同方式展开，经常性督导检查则主要通过常规教学质量检查和重点项目检查等方式展开。评估评价则是监控教学质量的一种有力模式，从高职院校的实际情况来看，高职院校的评估主要有教学基本建设评估、教学质量评估以及学生学习质量评估等。

3. 高职院校的反馈调节模式

高职院校反馈调节是通过建立有效的教学质量信息渠道，准确收集整理反馈信息，达到随时调节教学工作的目的。这个渠道有教师主动反馈信息的方式，也有学校通过校园大数据获取信息的方式。

4. 高职院校监控管理的实施过程

高职院校的实施过程可以划分为大过程和小过程。所谓大过程是指高职院校从招生—计划—教学—毕业，从输入到输出的全部过程。这个过程反映了学生在高职院校学习的全部内容，并且要在教学质量的有效监督和管理之下。小过程则是对这个大过程的细分，同样具有目标—计划—实施—调控—评估—总结等过程。

四、高职院校教学质量的影响因素

（一）外部因素

从当前的情况看，影响高职院校教学质量的外部因素主要有政府和体制环境，以及社会的快速发展。政府正在逐渐提升高职院校的教学待遇，在高职院校建设的各个方面不断加大投入。但是相对于普通本科高校来说，待遇上仍旧有一些差距。因此，对于政府来说，必须改革高职院校的体制，真正重视高职院校的发展，把高职院校的发展和地方的发展紧密结合在一起。社会的快速发展也是高职院校教育落后的一个重要因素。相对于本科高校来说，高职院校的特色不够突出，对于日益发展的企业来说，他们对于员工的选择更倾向于本科高校毕业生。高职院校自身劣势和快速发展的社会环境共同造成了当前高职院校教学质量相对较差的现状。

（二）内部因素

高职院校自身定位不明确是影响其教学质量的首要因素。我国大部分高校和市场经济的发展都有一定的隔阂，这是现实情况，这个隔阂造就了当前高职院校发展落后于市场的现状。在计划经济理念的影响下，政府和高职院校管理者对高职院校的定位认识不够准确，形成了"关门办学"的传统。这不符合高职院校紧密结合社会实际情况的发展需要。在"关门办学"理念的影响下，高职院校按照固有模式发展，从领先于社会逐渐到落后于社会。在高职院校的教育教学质量不断下降的情况下，其所面临的就是资源不断减少、设施越来越落后的恶性循环。

五、提升高职院校教育教学质量的措施

通过对高职院校教育教学质量影响因素的分析，我们可以看到高职院校的全面质量管理模式应用对于高职院校教育教学质量提升起到了十分积极的作用。除了我们前文提到的一些措施，高职院校还应该采取以下这些办法。

（一）主动营造媒体氛围，提高高职院校的社会地位

高职院校必须通过各种媒介宣传自己，借助传媒把自己的优势学科推介出去，以此获得学生家长和社会的认可。同时，这种方法对于改善人们对高职院校的认识也有积极的作用。

宣传要落实，不能弄虚作假。高职院校在积极宣传自己的同时要改革高职院校的管理体制，从过去的计划模式转变为紧密依托市场的模式，真正建立一个从市场到学校，再到专业和学生的良性循环过程，使得高职院校的教学质量随着社会的发展而不断发展。

（二）树立正确的高职院校教学质量观

1.高职院校应树立正确的人才质量观

观念是行动的先导。对于高职院校来说，必须树立正确的人才质量观，培养出合格人才。要树立正确的人才观，首先要做好人才观的界定，把培养适应生产、建设、管理、服务第一线需要的技术应用型人才作为教学的首要任务。其次应该做好人才质量的界定。高职院校应该把技能水平作为培养人才的首要因素，要注重学生的各项素质，例如思想政治素质、身心素质等。最后，高职院校必须

树立围绕人才质量观的正确教学观念，必须把人才质量观作为核心观念，把教学育人作为工作的主体，认真对待每一位学生。

2. 更新高职院校的硬件设施

高职院校需要大量的资金，以达到随时更新高职院校硬件条件的目的。这关系到高职院校教育教学质量的提高。因此，高职院校可以通过多种方式提升高职院校的总投资额，以及时更新高职院校的硬件条件。

3. 大力推行高职院校教学改革

教学改革是推进高职院校教学质量提升的原动力，所以，高职院校应该做好以下几个方面。

第一，坚持厚基础、宽口径和多方向的人才培养目标，注重提升高职院校学生的创新能力和适应能力。

第二，高职院校应把培养学生的可持续发展能力作为重点，也就是应注重提升学生的学习能力和创造能力。

第三，高职院校应注重培养学生的社会交往能力和身心发展能力等。

4. 注重教师队伍建设

教师队伍建设是提高教育教学质量的一个关键要素。高职院校的发展要把培养一支具有创新教育观念、师德高尚的"双师型"教师队伍作为第一发展要务。简单来说，可以从以下几个方面入手。

第一，立足校内，通过多种方式提高教师的素质水平。学校应该创造多种条件，通过不同方式提高教师的基本素质和教学水平。

第二，建立一支高水平兼职教师队伍。高职院校可以聘请一部分有专长的企业技工作为兼职教师，承担高职院校技能教学任务。

第三，高职院校必须注重学校的师德师风建设，提高教师的思想政治素质。

第四章　高职教育治理多元主体结构设计

　　中国当代大学所处环境非常复杂，政府对于大学存在着政治与经济功能的要求，政府传统管理模式习惯于将大学视作下属机构；社会关注大学，强调大学对社会的服务职责；大学追求自治、自由与相对独立的合理性很难得到根本上的认可。教育的目的是使人由出生时的"自然人"，变成知书达理、人格健全、才智兼备的"社会人"。教育的过程就是促进人的全面发展的过程。因此，推进教育现代化，要以全面提高人才质量为核心，着力推进高等教育治理体系和治理能力现代化。高职教育兼具高等教育和职业教育特性，一方面，高等教育需要满足政治社会发展，另一方面，职业教育需要满足个人发展。如何协调多方主体参与高职教育治理，是高职教育治理现代化的一个重要问题。

第一节　初始条件均衡：多元主体治理模式的现实呼唤

　　合作开始时存在的条件可能促进或阻碍利益相关者之间，以及机构和利益相关者之间的合作。利益相关者产生的两个不同起点为：一方面，利益相关方在一些传统问题上存在着严重分裂的历史认知，并且认为彼此是对立者；另一方面，利益相关方希望通过合作取得的成就。在这两种情况下，合作可能都很困难。因此，可以将关键的初始条件聚焦到三个变量上：利益相关者必须合作的激励措施、不同利益相关者的资源或权力之间的不平衡以及利益相关者之间合作的意愿。

一、协同动机激发：高职教育回归公共治理的价值倡导

1.西方大学的公共治理趋势

在西方国家，大学法律地位的确立，主要体现在"大学—政府"的二元关系属性上，其核心则是政府赋权大学自治的程度。大学的法律地位，往往受到各自国家的文化、历史、社会、政治结构的影响。如果依照法律意义，将大学的独立性加以排序，大学的法律地位包括四种：私法人、公法人、建筑物法人、非独立建筑物。

德国大学的发展历程在世界高等教育史上具有重要的影响意义。在德国大学的发展与改革中，大学理念发挥了巨大的指导作用。同时，大学理念还是规定大学的法律地位、形成大学自治制度的基础。诚如洪堡对于大学本质的论述，他认为大学的宗旨是在于对学问的追求，大学须服务于追求真理。所以，对于独立与自由思想的追求，是长久以来大学最主要的价值追求。[1]

德国大学被规定为国家机构，政府设立大学就具备了多重功能。政府依托大学，实现一定范围的制约机制：实施监督权，德国政府对大学具有法律上的监督权，实施监督的内容包含大学的各项决议；实施承认权，政府对大学的章程，对于选举的校长，具有最终决定权；实施任免权，德国大学教师属于国家公务员，任用需要得到政府的任命；实施财政权，政府对于大学的财政拨款具有决定权。政府实施这四种权利，体现出现代大学的政府管理结构特点，以及对于大学自治的制约机制。

美国州立法机关和政府主要通过法律和财政支持调节大学办学，州政府本身并不直接管理大学。美国大学奉行分享治理理念，外行治理、专家治理和共同体治理三位一体，在董事会、校长行政团队和教授会构成的治理结构中，董事会总揽全局，校长行政团队全面负责大学经营与日常运行，教授会承担学术决策、学术评议等事务，"三驾马车"目标一致、相互作用。[2]

由此可见，西方发达国家大学治理多数归集为政府公共管理领域，侧重政府在土地、资金、人事、监督等方面的管理，新时期的大学治理之路，有着典型

---

[1] 高木英明.关于大学的法律地位与自治机构的研究[M].东京：多贺出版株式会社，1998.

[2] 别敦容.美国大学治理理念、结构和功能[J].高等教育研究，2019，40（6）：93-101.

的公共事务治理的特征。

2. 中国大学的政府管理特色

李江源博士认为，中国政府是高等教育的直接管理者，传统的制度环境影响了制度创新，具体表现为几个方面：一是国家对社会全面管理，已经形成相对固化的权力结构；二是长期的国家统管，使国家利益成为各方主体的利益代表；三是国家权力机构集中化，国家政权对社会习惯控制；四是长期呈现为自上而下的管理层级关系，使国家管理等级机构成为各级政府的代理人，服从关系非常明显。[1]

我国《高等教育法》的颁布，从法律层面明确了大学的自主权，但是，实际却缺乏政府部门的明确政策支持，大学的独立办学地位落实不够。随着社会经济不断发展，人们对高等教育的需求不断增加，大学需要兼顾国家管理和市场导向等多方需求。重新梳理政府与大学关系、社会与大学关系，是大学治理研究的前提条件。[2]

中国学者成有信从学科建设与学科研究的角度讨论了教育政治学的学科发展问题。[3]学者杨学谅研究了政治文化与政治权力对教育的产生、发展的影响以及这种影响的机制等。[4]从教育法学分析，国家与大学之间的法律关系包含两种：一是以权力服从为基本原则，以领导与被领导的行政管理为主要内容的教育行政关系，这一类法律关系主要涉及大学与政府的关系属性；二是以"平等"和"有偿"相结合为基本准则，以财产归属权为核心内容建构而成的关系结构，从关系属性的外显特征上看主要为大学和社会的关系。[5]

3. 高职教育治理的公共治理需求

高职院校通常被标志为非营利性组织，具备独立公共领域的本质属性。受到其他领域治理思潮的影响，教育领域过度宣扬效率价值及过于强调技术理性，而忽略了教育作为公共行政本身理应承担的道德环境营造和民主价值培育等功

[1] 李江源.简论我国高等教育制度的特征及缺陷[J].高教探索,2001(1):11-15.

[2] 胡建华.大学的法律地位分析——研究大学与政府关系的一种视角[J].南京师大学报(社会科学版),2002(5):61-63.

[3] 成有信.教育政治学[M].南京:江苏教育出版社,1993.

[4] 杨学谅.教育政治学导论[M].沈阳:辽宁教育出版社,1992.

[5] 劳凯声、郑新蓉.规矩方圆:教育管理与法律[M].北京:中国铁道出版社,1997.

能。正是在这一种"新公共管理"价值取向的影响下，教育公共属性所应承担的特殊使命受到削弱，市场导向愈加凸显。[1]在教育治理中，强调市场导向的效率和效益优先时，教育公平等人类普世性价值追求日渐式微，逐渐失去其作为价值判断规准的功能，而"成本效益"和"手段目的"取而代之成为教育治理的根本出发点。当效率作为教育治理成效的唯一判断准则时，人类发展文明积淀下来的协商与沟通、参与与授权等主要治理范式的功能也在日益消减，其重要性不复存在。[2]

从西方公共教育的治理历程来看，可以总结为三种主要治理模式，即"规制主导型""市场导向型"和"服务导向型"。在治理理论的影响下，教育公共治理的特性，在公共领域得以确认并实现。[3]公共教育服务提供，需要各种成员参与，针对服务的主体不同，服务方式更加多样化，除传统的政府以外，更多私人组织机构，将会参与到公共服务的供给中来。[4]

在欧盟的高等教育领域，国家对于教育培养民族文化认同感，有着强烈的要求，并成为大学的基本任务，各国都会控制教育的主权，并通过教育实现欧盟文化的一体化，使民族国家产生共同的文化基石。[5]高等职业教育成为欧盟及其成员国的利益契合点，将高职教育视为提高劳动者适应市场需求，促进经济发展的重要支撑。欧盟及其成员国着力加强文化认同感、维持社会稳定、推进教育公平、以职业教育助推经济高质量发展，具有高职教育治理研究参考的现实价值。[6]

自20世纪90年代以来，由于大学的扩招致使地方大学学生人数急剧膨胀，地方大学的数量和规模随之大幅度增长，中国原有的较为稳定的高等教育管理体制机制，已经不能很好适应大众化、现代化以及国际化的需要，亟待突破和变革。2010年3月，中国颁布了《国家中长期教育改革和发展规划纲要（2010—2020年）》，明确提出"完善中国特色现代大学制度"。这意味着，包括地方大

[1] 刘孙渊, 马超. 治理理论视野下的教育公共治理[J]. 国外教育研究, 2008(6): 15-19+58.

[2] 罗伯特·B. 登哈特. 公共组织理论[M]. 扶松茂, 丁力, 译. 3版. 北京: 中国人民大学出版社, 2003.

[3] 哈贝马斯. 公共领域的结构转型[M]. 曹卫东, 王晓珏, 刘北城, 译, 上海: 学林出版社, 1999: 2.

[4] 乔治·弗雷德里克森. 公共行政的精神[M]. 张成福, 刘霞, 张璋, 等译, 北京: 中国人民大学出版社, 2003.

[5] 李晓强. 超国家层面的欧盟教育政策: 影响及其限度[J]. 外国教育研究, 2007(8): 27-30.

[6] 肖凤翔, 于晨, 肖艳婷. 欧盟教育治理向度及启示——基于职业教育政策分析[J]. 教育科学, 2015, 31(6): 70-76.

学治理在内的高等教育治理研究，由学校单独的自发探索，逐渐向获得政治合法性并进入政策流程阶段发展。[1]文件中首次提出"教育公共治理"的概念，要求"推进政校分开、管办分离""逐步取消在高校等事业单位中存在的行政职务级别和行政管理模式""落实和扩大学校办学自主权"，进行"现代大学制度试点"，这是从传统的管理走向现代治理的转折，是高等教育去行政化的良方，为中国高等教育改革提供了新方法和新价值因素，同时也给高校去除官本位、去外部行政化带来了机遇与挑战。[2]

中国地方政府从善政到善治的转变中，高等职业教育治理追求的是一种教育公共治理，包括政府、行业企业、学校等多元主体，参与教育这个公共领域中的治理活动，实现公共利益保障和实现。[3]对于中国特色高职教育治理来说，实现教育善治，也是实现公共领域的善治。[4]高职教育治理应以教育善治为目标，强调对于社会公平正义的追求。

二、权利资源诉求：多元主体参与的市场需求

职业教育具有非常鲜明的市场特征，即职业教育的培养目标，就是培养符合企业岗位需求的技术技能人才，满足市场需要，拓宽人的发展途径。从政治发展来看，法律制度对于职业教育起到基础性作用；从社会维度来看，社会多样化发展方向，要求职业教育与之适应，满足社会需求。艾森斯塔德明确现代社会的特征，就是获得民众的协同，不仅仅是政府具有参与职能，还要激励民众参与。[5]

职业教育作为教育事业的重要组成部分，作为与经济、社会、教育等诸多层面均有密切联系的教育形态，其现代化进程关系到国家经济社会长远的发展。职业教育从传统向现代化发展的历程，亦可视为教育治理逐步迈向现代化的过程，在此发展历程中，教育与其他诸多外部环境相互交织，深受经济、政治、社

[1] 蒋丹，唐华.中国地方大学面临的挑战：来自治理结构的变革[J].山东高等教育，2019，7（3）：9-14+2.

[2] 徐元俊.高职院校外部治理：结构·主体·机制[J].大视野，2019（2）：10-15.

[3] 罗崇敏.教育的逻辑[M].北京：人民出版社，2010.

[4] 庄西真.中国特色的职业教育治理体系现代化：起点与内涵[J].江苏高教，2016（6）：17-22.

[5] 艾森斯塔德.现代化的基本特征[M].谢立中，孙立平.二十世纪西方现代化理论文选.上海：上海三联书店，2002.

会与文化等多重因素影响。因此，研究教育治理议题，宜将其镶嵌于广袤的社会历史脉络中考量，方能发现其规律。[1]

国外大量关于教育水平、职业类型和工资收入状况三者关系的量化研究结果表明，企业招聘人员时教育程度及其专业是最重要的考察因素。中国市场经济中，社会经济发展导致的人才需求与受教育状况相关的工资结构也是一种动态的结构。认识这一动态结构是理解中国市场经济条件下高等教育运行机制的起点。[2]

三、协同合作意愿：高职教育可持续发展的社会需要

联合国可持续发展委员会于1996年在纽约举办了第四届年会，会议确定了可持续发展教育（Education for Sustainable Development，ESD）这一核心概念，作为可持续发展教育权威表述，其得到国际共识。这次年会全面讨论了可持续发展教育的相关议题，并总结出了五项基本特点：其一，可持续发展教育的起点是人人皆有参与教育的权利；其二，可持续发展教育不同于传统的单一学科教育，其具有跨学科属性和全面综合性；其三，高度重视与不同学科的关联；其四，重视实践教育；其五，重视终身教育，秉持教育是贯穿于人类一生的教育。会议还颁布了促进教育、提高公众认识、为公众提供培训的工作纲要，以保证公众、公共部门有足够的动力和意愿，支持和实现可持续发展教育。[3]

可持续发展教育是人类可持续发展的重要支柱。知识传递是教育的首要功能，人类在漫长的发展历史中，在人文社会科学、自然科学等关键领域积累了大量瑰宝，使人们得以理解人类与自然的相互依存体系。[4]可持续发展教育，是人类社会可持续发展的基本条件之一，也是实现可持续发展的主要路径和核心工具。正是由于人类逐步意识到可持续发展教育对于人类社会与自然环境协调发展的巨大功用，面对学校教育呈现出来的诸多弊端，国际社会才日益倡导通过各国有效协作，共同致力于可持续发展教育的推进，以实现人类社会共同迈向更高的

[1] HALL, HELO, HUBERT, et al. Modernity: An introduction to modern societies [M]. New Jorsey: Wiley-Blackwell, 1996.

[2] 闵维方. 高等教育运行机制研究 [M]. 北京：人民教育出版社，2002.

[3] 田道勇. 可持续发展教育理论研究 [D]. 济南：山东师范大学，2009.

[4] 世界环境与发展委员会. 我们共同的未来 [M]. 王之佳，等译. 长春：吉林人民出版社，1997.

发展水平。

2005年，联合国大会正式发布《联合国可持续发展教育十年（2005—2014）国际实施计划》，其强调：所谓可持续发展，其本质上是人与人、人与环境之间的关系结构问题，更是经济、社会、政治、文化等多重交融的问题。而其中，人被广泛认为是国际社会可持续发展的核心因素，需要各国打破国度疆界，共同努力维护和教育公民，向公众阐明可持续发展对人类生存的重要性和必要性，以及通过教育向公众阐明可持续发展和生存的基本准则及行动策略。[1]通过实施可持续发展教育，令受教育者形成可持续发展的观念与良好的态度，以及正确的价值体系。而教育则是推进可持续发展价值体系的最佳路径。

第二节　系统环境构建：高职教育协同治理主体的共识集聚

一、协同信任起点：基于教育目的的价值考量

政治与文化等外在因素影响着教育目的与目标，社会文化与制度结构也参与了教育目的的确立过程，因此不受制度和文化影响的教育目的和目标是不存在的。关于教育与文化的关系，有大部分研究者认为教育是文化结构的外在反映。同时，它还具有促进制度结构稳定和社会发展的功能。因此，不同社会脉络中，文化结构的不同也会导致教育目的存在差异，而当文化结构发生改变，教育目的也会受到影响并产生变化。诚如杜威所言，教育的过程即是教育的目的。

虽然教育目的广受其他因素影响，但从教育目的的合理性上看，定位为培育"人"更为恰当。教育的整体目的从本质属性上讲应归属于价值体系，具有浓烈的人文特质，以受教育者个体理想和价值追求为终极目标。因此，教育目的的确立过程，必须高度关注受教育者生命主体性的发展，关照生命个体的完善和整体"幸福感"提升。关于教育目的，不同学者持不同观点。如苏格拉底认为，教育是在于造就治国人才。怀特海在《教育的目的》中，提出教育的目的一是培养

---

[1]　世界自然保护同盟, 联合国环境规划署, 世界野生生物基金会. 保护地球: 可持续生存战略 [M]. 国家环境保护局外事办公室, 译. 北京: 中国环境科学出版社, 1992.

有文化并掌握专门知识的人才，二是培养人的创造性思考能力。教育是教人们如何运用知识的艺术，而这是一种很难掌握的艺术。[1]王坤庆教授认为，对于教育目的的确定，需要把握的是，教育的唯一出发点是人的发展，教育不仅仅是专门培养人的事业，还在于促进人的完善。[2]

教育目的的人性基础是价值体系，教育需要从工具性转移到教育承受者本身上，通过人的不断发展进步，从而推动社会可持续发展。[3]教育目的的确立过程，应当以可持续发展教育目的的逻辑作为设计的出发点，并以此建构起可持续发展教育目的的方法论体系。而教育目的的逻辑起点，应以教育的根本矛盾作为教育目的的出发点和最终归宿。[4]

教育目的体系的不同组成部分及其交互关系，构成教育目的的结构。从教育目的的主要构成要素看，大致可分为两个部分：其一，明确教育对象身心发展的培养水平；其二，明确教育对象应当形成的共同价值。可持续发展教育的目的则是使每个生命个体得以实现其身心发展，并从价值追求上树立为社会和未来作贡献的情感与态度。[5]因此，从教育目的结构上看，可持续发展教育应包含如下两项要素：一是满足生命个体对于可持续发展的身心发展需求；二是塑造个体为未来和人来社会发展作贡献的价值态度。[6]

二、协同行为基础：教育治理的行动导向

教育治理是教育管理的理想状态与追求目标，它是教育内部不同管理要素之间和谐调配、高效运作后的一种理想状态。因此，教育治理从本质上仍属于教育管理的范畴，是教育管理的高级状态。[7]大学治理是一个结构性强、动态发展的过程，西方学者对于大学治理研究的关注点主要在于利益相关者在大学内部治理中的地位和作用、资源和权力整合与配置的过程。

[1] 怀特海. 教育的目的 [M]. 庄莲平，王立中译. 上海：文汇出版社，2012.

[2] 王坤庆. 精神与教育：一种教育哲学视角的当代教育反思与建构 [M]. 武汉：华中师范大学出版社，2009.

[3] 张运红，冯增俊. 中国教育目的观的转型 [J]. 现代教育管理，2013(1)：1-6.

[4] 扈中平. 教育目的论 [M]. 武汉：湖北教育出版社，2004.

[5] 世界自然保护同盟·联合国环境规划署·世界野生生物基金会. 保护地球——可持续生存战略 [M]. 国家环境保护局外事办公室译. 北京：中国环境科学出版社，1992.

[6] PAUL. The ideal of the University [M]. Boston: Beacon Press, 1969.

[7] 李福华. 大学治理的理论基础与组织架构 [M]. 北京：教育科学出版社，2008.

大学自治在现代化过程中逐渐演变成国家主导型、专业中介型和社会参与型三种治理模式。美国大学办学之所以能取得成功，是因为大学高度自治与实行市场机制的有效融合，在治理上充分凸显政府引导、院校自治、社会组织参与、专业高度自主等多元主体治理格局。

纵观中国高职教育发展历史，中国院校治理倾向于采取科层体制，行政化、权威化管理思维取代现代院校治理逻辑。而权威化、行政化的管理模式直接导致了中国大学的学术创造力和创新能力不断下降，与西方发达国家大学的创造力相比差距巨大。为此，变革大学管理模式，去行政化以实现现代大学自治成为各界共同的呼声。[1]当前，各界的共识是通过建立现代大学章程，引领大学从行政化迈向治理。[2]因此，大学治理被广泛解构为内部治理体系和外部治理系统。大学外部治理的关键在于政府作为治理主体，要帮助大学明确其办学性质、定位、社会功能和职责定位等，实现大学的独立法人化，为大学办学建立规范有序的政府管理、社会发展等外部环境。在内部治理系统中，主要是大学不同治理主体之间权利均衡与配置、民主决策、沟通与协调等问题。[3]

中国公办高职院校大多是由省级与市级地方政府主办，其教育目标是培养服务于地方经济建设的技术技能型人才。因此，高职院校与地方党委和政府、行业企业、社会组织、科研院所等外部利益相关者有着天然的联系。外部治理结构就表现在高职院校与外部多元利益主体间正式的、非正式的关系和权责利划分，并且通过一系列的配置机制使各利益相关者在权利、利益和责任上相互制衡，以实现高职院校外部效率与公平的合理统一。

三、协同模式共塑：基于教育治理现代化的实践路径

当代教育发展面临更为多变的内外部环境影响，要使职业教育体系高效运作，现代化的教育治理体系保障必不可少。有效的职教治理体系需根植于现实情境，着眼于解决现实难题，并形成价值引领、制度结构活力、体制保障和运行机制等不同环节的协作系统。因此，建构现代化的职教治理体系，是保障职业教育

[1] 陈鹏，刘献君. 我国公立高等学校法人治理结构的缺陷与完善[J]. 教育研究, 2006(12)：45-50.

[2] 马陆亭. 制定高等学校章程的意义、内容和原则[J]. 高校教育管理, 2011, 5(5)：1-6+11.

[3] 盛正发. 大学治理结构研究的综述和反思[J]. 集美大学学报(教育科学版), 2010, 11(2)：68-71.

发展不偏离轨迹的重要基础。如何实现治理体系现代化，也成为制约当代职教发展的主要问题。[1]

教育现代化是社会现代化的关键组成部分，其中人的现代化是现代化的核心。现代化建设最关键的转变还是教育观念的转变，要有现代化的教育观念、现代化的教育制度、现代化的教育内容和方法。顾明远提出教育现代化的八个特征：教育的广泛性和平等性；教育的终身性和全民性；教育的生产性和社会性；教育的个体性和创造性；教育的多样性和差异性；教育的信息化和创新性；教育的国际性和开放性；教育的科学性和法制性。[2]

从本质上来讲，大学治理体系现代化不单单是大学治理体系形式的现代化、技术性的现代化，更是实质的现代化、价值性的现代化。首先，大学治理体系现代化是"大学"的治理体系现代化，而大学有其自身的特殊性，自治是大学一直以来的核心理念，因此大学治理体系现代化应密切关注自治价值，维护和保障大学的相对独立性和自主性以及学者的基本学术自由权利。也就是说，大学治理体系现代化首先应当追求自治价值。其次，由于现代大学早已不是单纯的学者共同体组织，而成为具有多元利益相关方的利益相关者组织，所以，大学治理体系现代化应追求多元共治价值，实现大学价值与社会价值以及行政价值与教育价值、学术价值的有机统一。最后，现代大学还是民主组织，民主是现代大学的重要理想，大学治理体系现代化应追求民主治理价值，实现大学治理的平等化、民主化，增进多元治理主体的民主参与。大学治理体系现代化，实质上是其自治价值、多元共治价值和民主价值对立统一的历史过程。[3]

教育现代化是适应现代化社会的一种教育。教育现代化的核心是教育主体的现代化。2014年，习近平总书记专门对职业教育工作作出批示，他指出，职业教育是国民教育体系和人力资源开发的重要组成部分，是广大青年打开通往成功成才大门的重要途径，肩负着培养多样化人才、传承技术技能、促进就业创业的重要职责，必须高度重视、加快发展。同年，国务院专门召开全国职业教育工作会议，印发《关于加快发展现代职业教育的决定》，提出到2020年，形成适应发

[1] 李进. 论现代职业教育体系的治理现代化[J]. 中国高教研究, 2014(11): 19-24.
[2] 顾明远, 马忠虎. 教育现代化: 中国教育改革和发展的路径与愿景——顾明远教授专访[J]. 苏州大学学报(教育科学版), 2014, 2(1): 1-5+126.
[3] 唐世刚. 我国大学治理体系现代化的价值审视[J]. 现代教育管理, 2019(6): 18-22.

展需求、产教深度融合、中职高职衔接、职业教育与普通教育相互沟通，体现终身教育理念，具有中国特色、世界水平的现代职业教育体系。

近年来，以联合国教科文组织（UNESCO）、经济合作与发展组织（OECD）和欧盟为代表的国际组织对职业教育治理给予了很大关注，并针对职业教育治理进行了深入研究。2012年5月，联合国教科文组织（UNESCO）在上海召开第三届国际职业技术教育与培训大会，会议核心文件《职业技术教育与培训的转型：培养工作与生活技能》特别强调了职业教育管理变革的重要性和基本路径，指出善治是职业教育实现成功改革的先决条件，推进善治的途径包括将职业教育纳入相关战略、下放权力、使利益相关方结成积极的伙伴关系、开发质量保障程序以及为制定政策改善证据基础等。[1]根据国际社会的研究，有效的职业教育治理需要解决三方面问题：政府机构怎样共同承担对于职业教育的责任；为促进职业教育与培训体系的协调发展及职业教育机构与外部利益相关者间的交流与合作，政府设立了哪些国家交流、合作与协调机构，如权威机构、委员会、相关协会；是否形成了对整个国家职业教育总体供给情况的监测体系。[2]

为着手解决中国现行职业教育治理体系中存在的主要问题，要以治理理论的主要观点作为主要分析框架，结合国内外职业教育治理的理论研究成果和治理实践趋势。研究者认为可从治理体制机制现代化、治理制度结构现代化、治理法规体系现代化和治理监管体系现代化四个层面建构中国职教体系治理现代化的核心框架。[3]

[1] 职合国教科文组织. 职业技术教育与培训的转型: 培养工作与生活技能 第三届国际职业技术教育与培训大会主要工作文件 [J]. 职业技术教育, 2012, 33（15）: 41-44.

[2] 李玉静, 谷峪. 国际职业教育治理的理念与实践策略 [J]. 职业技术教育, 2014, 35（31）: 78-83.

[3] 谷峪, 李玉静. 现代职业教育治理: 框架构建和内容解析 [J]. 职业技术教育, 2015, 36（16）, 8-13.

第三节　三维主体结构：高职教育协同治理主体的协同机制

　　欧洲培训基金会基于不同国家的职业教育治理情况进行了综合研究，结果显示职业院校利益相关者之间建构起的高效、融合、互动的多层次治理范式，对于提升职业教育办学成效和提高培训政策体系执行效率具有显著的促进作用。

　　英国行业协会的研究认为，从实施的角度来说，职业教育治理机制的建立是在职业教育利益相关者及特定主体间建立明确交流及合作机制的过程。这些主体包括政府或教育管理者、教育与培训机构、劳动力市场和社会合作伙伴（雇主或工人利益组织，如雇主组织或行业协会）等，这些主体的一方是职业学校和教育管理者，另一方是以雇主和员工组织为代表的社会伙伴，关键是在这些主体间形成有效的交流方式。最有效的职业教育治理模式是注重社会合作伙伴对职业教育实施的参与，积极加强相关治理主体间的交流对话。其主要具有如下特征：有效、透明的交流过程；利益相关者（社会合作伙伴：包括政府，以雇主协会、行业协会为代表的社会合作伙伴，职业学校，企业等）的广泛参与、包容性的合作机制；研究本位的决策过程；开放性、反应性、适应性和灵活性；能够根据劳动力市场需求的变化，不断更新、调整职业教育的供给模式、课程和资格等，实现职业学校与劳动力市场需求间的有效匹配。[1]

　　结合中国现有高等职业教育治理的现实情境，职业教育治理共同体主要包括政府机构、高职院校、行业与企业、社会组织和公众等利益相关者组成的多元治理主体，这些主体共同建构治理信仰和价值追求。其中，地方政府机构、行业与企业、职业院校构成治理主体中的三元核心主体，亦是职业教育的主要参与者和治理变革的关键推动者。

　　职业教育治理共同体将治理主体间的追求与意志相融合，共同体主体成员共同建构主体共性治理规准和价值追求体系，并产生价值与规准的内化，产生基于共同追求的治理外显行为，通过建立高效的对话与谈判、沟通与协作等集体行为路径，营造共建、共享、开放、互惠的职业教育治理格局，达成协同治理的教

[1] 李玉静, 谷峪. 国际职业教育治理的理念与实践策略 [J]. 职业技术教育, 2014, 35 (31), 78-83.

育治理目标。因此，建构共生融合的职教治理共同体是实现职业教育治理现代化，以及发挥当代职业教育治理模式功能的必然路径。[1]

2018年2月5日，教育部会同国家发展改革委、工业和信息化部、财政部、人力资源和社会保障部、国家税务总局六部门印发《职业学校校企合作促进办法》（教职成〔2018〕1号）。文件明确指出：校企合作是指职业学校和企业通过共同育人、合作研究、共建机构、共享资源等方式实施的合作活动。发挥企业在实施职业教育中的重要办学主体作用，校企合作实行校企主导、政府推动、行业指导、学校企业双主体实施的合作机制。国务院相关部门和地方各级人民政府应当建立健全校企合作的促进支持政策、服务平台和保障机制。国务院教育行政部门负责职业学校校企合作工作的综合协调和宏观管理，会同有关部门做好相关工作。县级以上地方人民政府教育行政部门负责本行政区域内校企合作工作的统筹协调、规划指导、综合管理和服务保障；会同其他有关部门根据本办法以及地方人民政府确定的职责分工，做好本地校企合作有关工作。行业主管部门和行业组织应当统筹、指导和推动本行业的校企合作。

一、地方政府主体：高职教育治理的主导者

中国现代职业教育治理体系现代化的主要目标是：逐步建立分级管理，实现以地方为主要推动者和实施者、政府统筹与引领、社会组织有效参与的现代化管理体制，逐步构建政府机构、社会、高职院校基于协同治理的社会新型关系，推动职业教育管、办、评剥离，实现政府职能转变，建立起"高效运转、规范有序和系统全面"的现代化高职教育治理系统。逐步提高职业院校行政效率、职业院校内部治理能力，提升职业院校办学效益。真正建构"政府宏观管理、学校自主办学、企业积极支持、社会广泛参与、职能边界清晰、多元主体共治"[2]的现代化职业教育治理格局。

面对地方政府大刀阔斧的行政管理体制改革，以及国家教育行政管理部门对于管理高等教育范式的变革，省级教育行政管理机构与高等教育机构的关系模

[1] 赵军,马庆发."职业教育共同体"理论探究[J].教育与职业,2013(2)：8-10.
[2] 袁贵仁.深化教育领域综合改革　加快推进教育治理体系和治理能力现代化[J].中国高等教育,2014(5)：4-11.

式也不断发生变化。所有高职院校的管辖权都由省级政府统筹。在教育外部环境不断更迭，教育资源争夺不断加剧的环境下，政府充分发挥引领作用尤为重要。政府通过建立有效的宏观治理环境，有助于实现社会整体效益最大化的发展目标。政府通过建构共享、融合教育机制，选择科学合理的发展战略，并协调市场融入机制，能有效调动市场参与职业教育的互动，促使职业教育办学方向与经济发展方向保持良性互动。因此，政府需要逐步建立权力分配清单，规范各级各类政府机构的权责范围。同时，又需注意不同权力类型的局限性。亦需强化权力监管，以防止权力在教育治理过程中被不当使用。

推进省域高等教育现代化建设，既是地方经济社会发展的迫切需要，也是社会现代化的重要组成部分和突出标志。[1]职业教育和普通教育的最大差异，在于职业教育是以实用主义为价值导向的教育类型，其与社会经济发展的互动和个人职业生涯的联系更为密切。[2]现代职业教育具有两重属性：一方面具有教育本质的公共属性部分；另一方面又存在教育利益相关者的私人属性部分，呈现在政府的管理行为中，则是职教治理机构涉及政府多元化管理部门。根据高职教育的管理范围，在省域政府层面，可以全面统筹区域职业教育体系现代化建设，而高职教育是职业教育的高级阶段，具有引领和示范作用。

二、社会组织主体：高职教育治理的参与者

随着高等教育的社会地位不断提升，社会各界参与高等教育内外部治理的范围和深度也在逐渐发生变化，并呈现出新的特征。高等教育治理的参与面日渐广阔，社会参与高校治理的呼声高涨，公众日益认识到高等教育治理对于国家经济发展、社会文化繁荣和国际竞争力提升具有重要作用，对于国家行政管理体制变革更是具有直接推动作用。扩大高等教育治理参与面，实现教育治理的多元主体格局，是中国高等教育善治的前提条件，而这需要政府、高校和社会各界协同为之奋斗。

从社会组织来看，首先，政府应予以政策激励行业企业参与到高职教育治理中来。职业教育人才培养规格需要适应市场岗位需求，行业企业是人才标准的

[1] 丁晓昌. 推进省域高等教育现代化建设的思考 [J]. 中国高教研究，2013（12）：6-10+50.

[2] 约翰·杜威. 民主主义与教育 [M]. 王承绪，译. 北京：人民出版社，2001.

制定者和检验者，所以政府需要给予制度支持。其次，政府需要委托社会第三方机构开展职业教育治理评价活动，促进职业教育发展的监督评价机制形成。最后，政府需要激励广大民众参与到职业教育治理中，树立职业教育推进人的持续发展和终身教育的理念，实现职业教育可持续发展。

根据高职教育利益相关者分析，社会组织的主体主要包括行业、企业、第三方机构、民众等。王名等学者认为，行业协会应该是代表行业成员意见的协调机构，具有非营利性的特征；行业协会也是行业成员利益代表及利益维护者，对于行业成员具有权力代表性。[1]因此，行业协会是连接国家、市场、社会的一种治理机制。行业协会参与公共治理，成为解决治理失灵问题的有效形式与治理机制。[2]

企业则具有明显的市场性，作为经济主体，是以营利为目的。高职教育治理中，调动企业参与、资源配备、人员关注等，需要政府协调不同利益主体的需求。从企业参与来看，应准确定位企业与高等职业教育的关系，推进高等职业教育办学体制多元化改革。德国的成功经验表明，企业参与高等职业教育并在其中发挥主导作用，需要国家给予必要的制度和组织保障。德国在政府层面上建立了行业占主导地位的组织机构，并在国家、州和地区层面建立了行业培训咨询委员会体系。其在制度上保障了行业企业对高等职业教育的指导以及高等职业教育与企业的有机联系。在此过程中，政府自始至终起到了关键的指导性作用。德国政府出台了比较具体完善的、具有高度可操作性的《职业教育法》，在法律条款中确定了以企业为核心，以企业技术培训为主、学校教育为辅的联合运作机制。政府通过建立体制机制、制定政策法规以及提供经费等途径为高等职业教育的发展提供了良好的外部环境与教学保障。

因此，政府出面干预、指导企业与高职院校的合作，积极推进校企合作与产学研结合制度化显得尤为重要。一方面，政府在宏观管理高等职业教育的条件下，应尽快出台行业企业参与高等职业教育的相关配套文件。政府要加快立法步伐，树立行业协会的法律地位和权威性，充分发挥其作用，使行业企业在机制上、法律

[1]　贾旻.行业协会参与现代职业教育治理的合理性探析［J］.中国高教研究，2016（2）：106-110.

[2]　杰索谱，漆燕.治理的兴起及其失败的风险：以经济发展为例［J］.国际社会科学杂志"中文版"，1999（1）：52-67.

上、社会角色上以及经费投入等方面，能合理合法地、有效地介入高等职业教育，并有可供操作的政策法规加以保障。另一方面，政府部门要进行管理创新，切实克服弊端，从建立一流高等职业教育体系的角度出发，设立由行业企业主导和参与的、开放多元的国家高等职业教育与培训委员会，协调管理高等职业教育。

三、高职院校主体：高职院校治理的责任者

高职院校是高职教育的具体教育活动执行机构，一方面，需要通过地方政府提供教育教学所需的各种资源，服从政府公共服务的要求；另一方面，需要协调校内外利益相关者，通过均衡利益提供职业教育服务供给。

学者褚宏启认为，教育的行政权力配比和运行包括两个方面：从上下层级关系来看，省市各级地方教育行政部门，具有教育政策、教育规划、教育执行、教育监督、教育评价等归属管理关系。同时，高职院校也是受到所属教育部门的业务管理。从平行层级关系来看，高职院校受到所在地方政府的多个行政职能部门的直接或者间接管理，如财政部门的资金预算、资金使用、资金决算等，教育局的教育教学过程监督、教育质量评价等，组织人事部门对于干部人事安排、薪酬体系制定、员工考核评价等的管理与监督。

高职教育已占中国高等教育半壁江山，正处于由规模发展向内涵式发展的转型中，快速扩展所遗留的内部治理困境日渐突出。首先，作为本科院校的"压缩版"，高职院校内部权力架构与本科高校高度同构。但由于起点低、沉淀少以及资源限制，高职院校难以像本科院校一样建立较为完善的权力组织体系，党政合署情况普遍，党政重叠严重。其次，相对于本科院校，教育管理部门对高职院校的把控、干预更加直接和具体。高职院校在快速扩张的过程中，对政府的资源十分依赖。为争取获得更多的财政投入、顺利通过评估、进入"示范校""骨干校"或"一流校"的行列，以及争取更多"一流专业"和"精品课程"品牌等，常常要集全院的资源进行攻坚战，这无疑需要行政权力的"强制性"才能得以实现，从而促使行政权力更具"绝对性"。最后，虽然高职院校都建有"学术委员会"等组织，但由于高职院校在中国高等教育体系中的层次和地位，以及高职教育办学定位与价值取向，难以形成学科上的权威。而且，没有职称评定等权力，难以体现学术上的权力，"学术委员会"对行政的依附性更强，执行性特色

更浓。

从高职教育内部治理主体来看，有学者将高校内部权力划分为四种基本权力：政治权力表现为学校党委会，行政权力表现为校长办公会，学术权力表现为学术委员会，民主权力通过工会等体现。[1]高职院校内部治理结构，就是要在学校党委领导下，对于学校其他权力进行配置与运行机制设计。[2]

构建职业教育治理共同体，需要以实现整体利益的"最大公约数"为出发点，来整合不同主体的利益诉求，协调好不同主体的利益关系，通过不同的职责分工，不断增强多元治理主体的认同感和责任感。首先，就政府而言，在职业教育治理共同体的构建中，应承担起主体责任和主导作用，发挥对多元治理主体的协调职能，制定政策对职业教育进行宏观调控而非微观介入；其次，就行业协会组织而言，要发挥其对职业教育治理和发展的指导作用，为职业教育治理和发展提供政策咨询和建议，成为职业教育校企合作的推动者和协调者；最后，对于企业而言，其职责是参与职业教育人才培养，为学生提供实习、就业机会等，而职业院校要为企业提供符合其发展需求的毕业生，不断降低企业的人才培养成本，为企业的技术研发、产品更新提供智力服务支持。总之，只有明确了职业教育多元主体的权责关系，妥善处理和协调各方利益关系，才能进一步实现职业教育治理共同体的治理效能最大化。[3]

高等职业教育治理模式构建的关键策略是，在政府层面形成明确的法律规定，对职业教育决策或运行中关键利益主体的职责给予明确界定。在此基础上，加强职业教育机构间及其与工作组织、行业企业的交流对话，形成关于未来职业教育发展需求的有效、透明、及时、开放的传递机制。

[1] 王学海.学术权力概念及学术权力主体辨析[J].黑龙江高教研究, 2004(3)：14-17.

[2] 别敦荣, 唐世纲.我国大学行政化的困境与出路[J].清华大学教育研究, 2011, 32(1)：9-12+24.

[3] 刘韬.教育治理现代化视阈下职业教育治理共同体构建[J], 职教论坛, 2016(13)：70-76.

第五章　高职教育协同治理运行机制设计

加强和改善大学治理是全世界高等教育面临的重要问题。[1]学者石中英、褚宏启、张志勇等提出教育治理需要调整教育行政权力，从教育管理转向教育治理，构建教育治理的权力优化配置及运行机制。这就需要中国政府行政部门主导，协调各方利益相关者参与到高职教育治理的规划、建设及决策过程中来，形成协同治理的格局，不断满足政治、社会、经济和个人的发展需要。

构建高职教育协同治理模式的核心是治理结构设计。首先，充分认识高校从教育管理到教育治理转化的意义。教育治理是教育管理的一种高级形态，是多方参与的过程，表现出教育治理主体的多元化，即教育应该由政府主导，同时社会、家庭等非政府组织共同参与。在政府、社会、学校等三方的互动下实现教育治理成效的最大化。教育管理现代化创造了从教育管理到教育治理转变的环境，反映教育的民主化和教育治理能力的现代化。其次，教育治理能力的提高是转变的关键。教育治理能力的高低与教育管理现代化创造的环境有着密切的关系，教育管理的现代化程度会提高教育治理的能力。最后，教育治理能力提高的另一个关键问题是要处理好权力与权利的关系，这就需要学校、政府与社会的共同参与，高校既要调整好政府、社会与学校的关系，也要完善自身内部治理机制。

---

[1] 赵欣, 张胤. 守望与摒弃: 依附理论视阈下高校学术与行政权力制衡关系的理性诠释 [J]. 黑龙江高教研究, 2011 (7): 28-30.

第一节　主体关系协调：高职教育协同治理主体的内外交互系统

外部环境是影响高职教育协同治理的重要因素。教育治理的外部环境包含了国家社会经济发展水平、不断完善的法律政策体系，以及具有一定民主意识的广大民众。这些与高职教育治理密切相关的环境因素，对于高职教育协同治理有着直接的影响：一是外部环境决定了协调主体是否具备高职教育协同治理的条件；二是不同的外部环境对于协同主体产生不同的影响；三是外部环境直接或间接影响协同治理的目标是否能够完成；四是外部环境一旦发生改变，将影响协同主体的不同改变，对协同主体关系结构影响极大。

一、治理模式建构：地方政府主导的协同治理模式

著名学者威廉·米勒（William Miller）、马尔科姆·迪克森（Malcdm Dixon）和格雷·斯托克（Grey Stoker）认为，地方治理是关于地方服务的委托、组织和控制，这些地方服务包括地方区域内卫生、教育、治安、基础建设和经济发展等。孙柏瑛教授认为，地方治理是应对地方的公共问题的改革与发展过程。地方问题的解决依托于政府组织，通过政府组织调动地方资源，提供政策支持；地方问题的解决依托于社会组织，各种社会组织是社会组成元素，天然具有贴近公民生活的支持；地方问题的解决依托于民间组织，公民参与的组织，在多层次的地理空间内形成应对公共问题方向。理想地方治理模式包含以下思想：依托于各种组织化的网络体系；具有弹性的地方制度与组织结构安排[1]。

目前，从概念分析来看，"地方治理"与"地方政府治理"没有明确区分，如李超、安建增[2]等论述"地方政府治理"概念时，就是使用有关"地方治理"的概念。地方治理是国家治理实践的前沿，国家治理理论需要通过地方治理实践来检验，也需要地方治理实践来推进理论发展。

[1] 孙柏瑛. 当代发达国家地方治理的兴起［J］. 中国行政管理, 2003（4）：47-53.

[2] 李超、安建增. 论我国地方政府治理的模式选择及其对策［J］, 陕西理工学院学报（社会科学版）. 2005（1）：24-28.

　　"地方治理"与"地方政府治理"二者虽然关系密切但并不相等，视角、范围不一样，"地方治理"的范畴更大些，主体还包括除地方政府外的第三部门、私人组织等，强调多主体的合作对地方公共事务的治理；而"地方政府治理"主要指在治理理论的指导下地方政府如何通过分权、重组等改革提高能力以适应全球化等不确定因素的挑战，如何促进公民参与地方治理，如何促进多中心网络的建立、发展，如何在多中心合作中起到核心作用，以更好地处理地方公共事务，促进整个地方治理的发展的过程。当然，在中国目前仍主要以地方政府为治理中心的状况下，地方治理主要是地方政府的治理，中国学者尤其强调政府在治理中的作用。

　　由于"地方治理"是"治理"理论研究的一个途径，更强调与各地实际相结合，强调实践性，因此相关理论的研究还受到实践方面的制约。从宏观角度对有关地方治理哲学与政治层面的研究，包含了国家权力变化与地方治理运动的开支、地方治理与政党政治的变化、地方治理发展中的利益结构与地方治理等专题方面；从中观角度对有关治理制度体系和制度分析层面的研究，包含了多中心的制度安排与地方制度设计、地方治理中的制度约束、地方治理中的公共政策网络体系构建、地方治理与税收、财政和转移支付制度的改革等专题方面；从微观角度对有关地方治理发展策略与手段层面的研究，包含了地方治理中的政治领导艺术、地方治理中的战略管理与规划、地方治理与社会合作、参与网络体系的维持、地方治理中伙伴关系的建设等专题方面。

　　中国职业教育由地方政府统筹管理，高职教育是职业教育的高级阶段，也是由省市地方政府主管和统筹。研究高职教育治理的核心问题就是治理主体的结构关系构建，尤其是政府、社会、学校之间的关系。一方面，各级地方的党委领导，是治理的最高权力来源，要求学校提供政治、人事等公共服务职能；另一方面，社会组织对职业教育有着天然的利益关系，会对学校的权力运行产生直接作用。这就意味着国家需要让渡一部分权力，构成新的权力结构。中国国家现代化建设，与高等教育现代建设，体现出政府、社会组织、学校互动的复杂关系。[1]

　　就现代国家建构来看，中国的国家现代化建设，呈现出以下三方面的特

[1] 蒋达勇，王金红. 现代国家建构中的大学治理——中国大学治理历史演进与实践逻辑的整体性考察 [J]. 高等教育研究，2014，35（1）：23-31.

点：一是国家现代化发展的基本逻辑是，先建立现代主权国家，通过国家权威进行经济与社会的现代化改造，培育现代经济与社会，在现代经济与社会发育的基础上，全面发育民主共和的现代政治体系。[1]二是通过强大政党引领现代国家建构的"以党建国"政治策略。中国这种"以党建国""以党领政"的政治实践策略，与西方国家"社会中心论"和"国家中心论"的理论导向均有很大差异，以致有学者试图提出"政党中心论"这一新的理论构想。[2]三是国家与社会基于合作基础上的"强国家—强社会"逻辑走向。

中国现代大学治理的一个重要进路，就是全面推进依法治校和治理体系现代化，致力于正式制度规范的构建与完善，同时要按照大学追求知识创新和真理探求的内在特性，培育和塑造富有时代感的精神与文化。

恩格斯指出，国家权力与大学治理的关系沿着统一方向作用，在这种情况下，大学就会发展得比较快。[3]从政治学的角度来看，大学治理结构的实质是大学的权力配置及在此基础之上的权力运行。[4]因此，在大学治理结构体系中，社会组织、广大民众的实质性参与，成为构建中国现代大学治理结构的关键。在高职教育治理中，地方政府与地方高校构建治理主体的关系结构，既有利于地方政府公共管理的推进，又可以实现地方高校治理的外部治理结构框架的搭建。因此，应结合中国教育治理基础和特色，在地方政府主导的前提下，探索多元主体参与，构建高职教育协同治理的均衡结构。

二、协同权力分配：高职教育协同治理的主体结构

治理是指公共管理组织协调主体关系，构建多元支持结构，通过完成公共产品或者公共服务供给，既满足广大民众的需求，也增进公共利益实现[5]。而公共治理，就是公共部门在管理社会公共事务的过程中，协调其他组织或个人参与

[1]　林尚立, 等. 政治建设与国家成长 [M]. 北京: 中国大百科全书出版社, 2008.

[2]　杨光斌. 中国比较政治学的研究议程问题 [J]. 南京政治学院学报, 2012, 28 (6): 46-51.

[3]　中共中央马克思恩格斯列宁斯大林著作编译局. 马克思恩格斯选集: 第4卷 [M]. 北京: 人民出版社, 1972.

[4]　刘虹. 大学治理结构的政治学分析 [J]. 复旦教育论坛, 2013, 11 (6): 17-22.

[5]　俞可平. 民主与陀螺 [M]. 北京: 北京大学出版社, 2006.

公共管理事务，协同实现公共管理目标。[1]

多元主体参与治理的关键，就是重新构建权力运行结构和权力配比关系，核心就是政府分权、放权，吸引社会、市场组织主动参与公共事务。在权力比例合适情况下，会极大激励多元主体参与治理活动。

协同治理能否得以实现，由很多因素决定，其中首要因素就是协同动机。外部环境可以促成各方的协同，各方主体的协同治理具有重要的应用价值，能否充分发挥协同各方的自身动力，是协同治理的基本问题。从政府角度看，复杂的社会问题，无论是产生的原因、影响的范围，还是发展的方向，均难以由政府独立解决。由于受到财力、能力、人力等方面的限制，需要非政府组织协同参与。[2]非政府组织具有灵活性、快速反应能力、解决方案的创新力等优势，在公共服务中发挥重要的补充作用，从而满足、促进非政府组织自身发展需求。[3]非政府组织参与治理的动机，就是有机会获得更多资源，其中最重要的就是获得政府资金支持。[4]企业、社会组织是否愿意加入协同项目中，取决于项目的组织构架和定位，以及治理实践活动的主体，而治理实践活动往往就是自然资源的管理、灾难应对、教育等公共服务的提供。

职业教育由地方政府统筹管理，高职教育是职业教育的高级阶段，由省级政府行政部门统一管理。明确高职教育治理的利益相关者，是体现治理主体的有效方法。高职教育的政治学、社会学、教育学属性，体现了高职教育治理主体具有一定的复杂性、广泛性。所以，院校应运用利益相关者理论，实现参与者共同治理。

概括地讲，政府、学校与社会是协同治理最重要的三大参与主体，各主体之间的和谐互动取决于治理体系的开放性。然而，受到计划经济体制和政府全能主义的约束，中国的治理系统长期处于相对封闭状态，在传统的单中心体制下，

[1] 罗豪才. 软法与公共治理[M]. 北京: 北京大学出版社, 2006.

[2] BRINKERHOFF J, BRINKERHOFF D. Public–Private Partnerships: perspectives on purposes, publicness, and good governance[J]. Public Administration and Development 2011. 31(1): 2-14.

[3] LEWIS, OPOKU-MENSAH. Moving forward research agendas on international NGOs: theory, agency and context[J]. Journal of International Development 2006, 5(18): 665-675.

[4] MCLOUGHLIN. FACTORS AFFECTING STATE-NON-GOVERNMENTAL ORGANIZATION RELATIONS IN SERVICE PROVISION: KEY THEMES FROM THE LITERATURE[J]. Public Administration and Development 2011, 4(31): 240-251.

政府垄断了各个领域的治理事务，市场和社会组织长期在公共事务治理中处于边缘位置。

在多元主体协同治理视角下，政府与市场和社会组织等治理主体一样，都是公共事务治理的主体。治理主体之间也不是从属关系、控制关系，而是平等的协同关系。在多元参与的协同治理格局中，各主体的角色定位与职责分工也应该发生相应的变化。首先，作为公共权力的代表者，政府仍然处于非常重要的地位。实践证明，政府在协同治理过程中的作用不容忽视。根据政府的性质及其职能特点，我们认为，政府在协同治理中的角色定位应是主导者与促进者。然而，政府部门作为协同治理的主导者，虽然仍是核心，但并不是大包大揽。相比于"全能型政府"和"管制型政府"，协同治理中的政府部门主导作用主要体现在：其一，提供必要的财政支持；其二，制定相关的制度规则；其三，维护稳定的治理秩序；其四，实施特定的法律监管。而作为促进者，政府部门除为协同治理创造良好的外部环境之外，更重要的是发挥引导协调的功能，既要引导市场组织和社会组织积极参与，又要协调各方的意见和利益诉求。其次，市场和社会组织作为协同行动参与者，成为公共治理的平等主体，与政府成为合作伙伴。作为政府部门的合作伙伴，市场和社会组织的角色定位与职责分工大致有三：一是补充者，市场和社会组织凭借其资源优势和行动能力成为政府治理盲点、弱点、难点的有效补充。二是施压者，市场和社会组织在公共事务治理中体现出来的比较优势与独特功能给政府治理行为造成潜在压力，促进政府部门的理念更新与行为优化。三是监督者，在政府部门实施特定法律监管的同时，市场和社会组织也应对政府的行为予以监督，要求政府行为合法、合规，对协同行动认真负责。

此外，还应强调的是，多元参与治理格局的塑造使治理主体角色重新定位，意味着权力结构的适当调整，主要体现为放权、分权与赋权。其中，放权是指为了促进地方政府或下级政府在公共事务治理中的积极性、主动性与创造性，中央政府或上级政府应当适当将权力下放，减少行政审批，提高办事效率。分权就是政府把权力派给不同治理主体，激励其他治理主体积极参与公共事务，政府重新构建各个主体之间的权力关系。赋权则是指政府将某些权力转移给市场和社会，开放市场和社会在公共事务治理中的准入门槛，实现"市场的归市场，社会的归社会"的局面。无论是放权、分权，还是赋权，其结果都有助于促进权力的均衡性，并且促进了多元化的治理格局，符合协同治理的主体要求。

三、主体交互关系：高职教育协同模式的响应机制

治理结构表现为治理主体之间的权力和利益关系，是一种稳定的关系，是各利益相关者之间的权、责、利关系的制度安排。从外在看，体现治理主体的权力结构，从内部看，主体之间的作用过程形成决策机制。

政府是国家公共权力的载体，承担现代职业教育的公共责任，即培养技术技能人才，为劳动力再生产提供保障，提供公共财政支持和行政立法支持，负起现代职业教育资源配置的主要责任。因此，如何协调好各部门之间的利益，规范相关权责，成为政府能否发挥其主导作用的关键问题。无论是现代职业教育中的公共部分，还是利益相关的非公共部分，掌握国家行政权力的政府机关均需具有国家观念，其行政范围在任何时候都要服从国家意志。

中国的地方治理是一个政府权力调整与职能重新界定的过程，即治理权威在政府、社会和第三部门之间的分化和扩散，以及在政府体系内部通过行政权力和责任的下放，来增进地方下级政府的积极性、灵活性、回应性，其实质是治理权从国家单中心主义向多中心化和多层次化的变迁过程。因此，地方治理是一种实践、一套规则体系，也是一种理念。其不仅要求在国家与公民社会之间确立起合作主义的政治框架，而且也应将上下级政府间关系纳入协商与合作的关系模式之中。[1]

在治理理论视角下，政府需要界定教育主管部门在高等教育领域的管理界限。政府主要应侧重于统筹规划、政策引导、市场监管和公共服务等职能，为高等教育创造公平、宽松的环境，促进公共教育资源高效、合理配置，促进高校个性化和特色发展。政府主要对高等教育管理进行宏观调控，但在教育管理的具体事务和教育服务的具体提供方面，则以市场运作方式充分发挥"政府外组织"的作用，逐渐实现高等教育管理的社会化[2]。政府应加强行政职能转变，将其管不好或不该管的职能进行合理让渡，推动社会组织成为承接政府管理职能的重要主

---

[1] 马斌. 政府间关系: 权力配置与地方治理——以浙江省、市、县政府间关系为研究案例[D]. 杭州: 浙江大学, 2008.

[2] 郎佩娟. 公共管理模式研究[J]. 政法论坛, 2002 (1): 143-152.

体。政府在转移职能时要区分核心教育职能和非核心教育职能。核心教育职能是政府应具有维护其管理的合法性和权威性，是既不能放弃也不能委托其他主体行使的职能，包括政策制定、教育规划、资源配置、拨款调控和评估监管等职能。而非核心教育职能是在教育市场发展成熟的条件下，政府可向市场、社会进行合理让渡的职能。政府在转移非核心教育职能时，要注意发挥现有各团队和组织的作用。[1]政府要界定好其高等教育管理权限，科学合理利用购买服务、委托代理、财政补贴等多种方式推进职能转移，并实施好政策制定和监管职能。政府要明确其与社会组织、高校的各自职能和权责利，通过购买教育服务、委托代理、政府补贴等方式，将其不宜承担或承担不好的管理、咨询、评估、考试、监督、资格认证等高等教育管理职能交给社会组织和市场来承接，从而"使政府从公共教育产品供给过程中脱离出来，更好地发挥公共教育决策者的作用"[2]。

社会组织中的行业协会。行业协会是为了实现企业共同利益，自愿组织起来的同行或商人的团体（如美国、日本）[3]；行业协会是由经营单位成员组成的，作为成员代表共同利益的非营利组织（如英国）[4]；行业协会是具有公共利益的集体性组织，是一种经济治理机制的行业组织[5]；行业协会是同一行业的商事主体为增进共同利益、维护合法权益而自愿组成的非营利性社会团体法人[6]。从治理理论分析，行业协会是连接国家、市场、社会的一种治理机制。[7]总的来说，行业协会是成员利益的集中代表，是协调政府关系、制定行业规则的团体。行业协会对于高职教育具有重要意义，其参与治理的两种权力形式为：一种是政府委托行业协会进行行业自律，具有管理权；另一种是行业成员交付给行业协会的权力，包括信息、标准、资格等，形成行业协会与成员之间的权力运作机制。

社会组织中的企业。企业是完全市场主体，具有市场属性。在中国高等职业教育发展过程中，高职院校与企业的关系紧密程度不同，关系不清晰，管理体

[1] 李恒、胡小梅、王小绪,公共治理视角下高等教育政府管理职能转移与承接路径研究[J],江苏师范大学学报(哲学社会科学版), 2015, 41 (6): 128-132.

[2] 何鹏程. 教育公共服务体系构建研究: 以上海实践为例[D]. 上海: 华东师范大学, 2012.

[3] 翟鸿祥. 行业协会发展理论与实践[M]. 北京: 经济科学出版社, 2003.

[4] 斯坦利·海曼. 协会管理[M]. 魏晓欧, 徐京生, 于晓丹, 译. 北京: 中国经济出版社, 1985.

[5] 余晖. 行业协会组织的制度动力学原理[J]. 经济管理, 2001 (4): 22-29.

[6] 姚旭, 车流畅. 论行业协会组织的法律性质: 从制度动力学视角[J]. 法学杂志, 2011, 32 (5): 34-37.

[7] 贾旻. 行业协会参与现代职业教育治理的合理性探析[J]. 中国高教研究, 2016 (2): 106-110.

制亦不完善，从总体上看难以促使企业真正参与教育治理。高职院校与企业两种不同属性的主体，却因为共同的职业人才培养目标，形成了人才输出和输入的合作关系。基于此，政府应协调企业与高职院校之间的关系，形成制度体系及权力运行机制。

政府参与企业与高职院校协调治理主体关系构建，关键体现在制定相关法律政策，通过政策导向，给予企业驱动力，在运行机制上，对企业要有驾驭力。政府可以协调的方面主要有：一是政府在宏观管理层面积极协调校企主体合作关系；二是政府在政策上支持行业企业参与高等职业教育治理；三是政府要健全完善行业企业经费投入机制；四是政府要进行制度创新，在政策体系建设中，助推企业构建税收、信息共享等激励机制；五是政府通过财政补贴、税务优惠等方式，促进利益相关主体参与，实现协同效应。[1]现代职业教育是体现国家意志和公共权力的载体，政府承担职业教育的公共责任，职业教育的非公共责任则需要激励市场因素来完成。

教育中介组织。在西方，中介性质的高等教育组织出现较早，美国学者伯顿·克拉克（Burton Clark）对高等教育系统中国家权力、市场和学术权威的关系进行了分析，提出学术组织才是高等教育的管理主体，国家的高等教育系统也应该是由学术权威来协调。[2]伊尔-卡瓦斯（EL-Khawas）从政治学的视角指出，中介组织是一个正式团体，为了实现特有目标，与政府机构和其他组织开展协作[3]。有学者认为，教育中介组织是参与教育管理的信息渠道，根据学校信息反馈，促进政府政策制定。[4]教育中介组织，常常受政府教育职能部门委托，开展第三方监督和评价活动，是政府规划、执行、评价的决策参与组织。[5]我国行政法规定，政府能够直接授权非行政组织，或者以委托方式请非行政组织参与，完成各项教育治理工作。[6]《中华人民共和国民办教育促进法》也规定，教育行政

[1] 刘薇. PPP模式理论阐释及其现实例证[J]. 改革, 2015 (1): 78-89.

[2] 克拉克. 高等教育系统: 学术组织的跨国研究[M]. 王承绪, 徐辉, 殷企平, 等译. 杭州: 杭州大学出版社, 1994.

[3] 胡卫. 民办教育的发展与规划[M]. 北京: 教育科学出版社, 2000: 161.

[4] 盛冰. 教育中介组织: 现状、问题及发展前景[J]. 高教探索, 2002 (3): 81-84.

[5] 王洛忠, 安然. 社会中介组织: 作用、问题与对策[J]. 求实, 2000 (11): 28-30.

[6] 张树义. 行政法学[M]. 北京: 法律出版社, 2000.

部门在明确教育中介组织的任务后，可以委托教育中介组织开展教育教学活动过程中的各项监督评价工作。[1]

基于以上分析，可以看出政府是高职教育治理的权力主导者，主要提供政策法规体系构建；[2]社会组织是高职教育的主要参与者，为高职教育治理目标提供市场岗位需求信息，以及人才培养标准的技术权威；高职院校则是高职教育人才培养、社会服务的主要执行者，针对地方社会经济发展需求开展教育教学活动。这样的一个协同治理模型的核心，就是地方政府如何进行权力配比和保障权力运行。可以通过地方政府职能部门牵头成立"高职教育治理委员会"，形成沟通和协商平台，通过定期召开协调会议，制定地方政策制度体系，构成地方政府主导、各职能部门联动、多元社会组织主体参与、信息沟通顺畅的交互治理模型。

第二节　外部治理模式：多元治理主体的有效运行机制

协同治理的过程，主要体现为协同实践活动的行为过程。协同治理运行顺畅，需要运行机制调整主体关系。陈宏辉认为从组织的治理机制为出发点，根据共同利益目标指向，协调各利益主体积极参与协商、决策、监督、评价等过程，促进协同目标实现[3]。孙绵涛认为，教育治理机制是协调教育相关部门关系的重要条件，是实现不同部门之间的沟通交流方式[4]。

治理机制的本质可以体现出以下特性：首先，治理机制不是单独的一个部分，而是由若干要素组成，并且相互之间构建起关系结构；其次，治理机制是主体之间关系的直接反映，体现主体之间的权力运行结构，以及权力运行机制；最后，治理机制对治理过程进行动态调试。高职教育治理机制围绕高职教育治理主体——政府、企业、学校，构建职责清晰、权力结构稳定、利益均衡的关系结构。治理机制随着治理环境、制度、结构的变化而表现出新的内容和体系。

---

[1]　葛新斌.教育中介组织的合理建构与职能运作探析[J].清华大学教育研究, 2011, 32(6): 99-103.

[2]　李兴洲.反思"建立现代学校制度"[J].教育学报, 2007(4): 51-56.

[3]　陈宏辉.企业的利益相关者理论与实证研究[D].杭州: 浙江大学, 2003.

[4]　孙绵涛.关于学校效能评价标准和方法的两点认识[J].教育发展研究, 2007(20): 19-22.

一、信任建立过程：政府主导权力运行的协调机制

治理主体的组织结构从单向度的垂直化线性结构，转向交互性的扁平化网络结构，意味着治理主体的关系也随之发生变化。原本"命令—服从"的管控导向关系转向"互惠互利"的合作伙伴关系。合作伙伴关系应该是开放、包容、平等、协商的关系。开放的关系蕴含着协同治理主体的资格问题，即谁可以参加协同治理。首先，开放的关系意味着协同准入的开放性，即协同治理鼓励参与，凡是牵涉其中或关心议题的利益相关者都有资格准入协同过程、参加协同行动。成功的协同治理都重视鼓励参与，而拒斥关键性利益相关者是协同失败的重要原因。其次，开放的关系意味着协同过程的开放性，即治理主体不仅可以参与执行过程，还应被允许参与决策过程。管理主义的决策过程是单向的、封闭的，决策制定依赖于业界精英和政策专家，相反，协同治理的决策过程向更加广泛的利益相关者开放。然而，从目前来看，执行过程的开放性相对容易实现，但决策过程相对封闭。

随着高等教育地方政府主导权力加大，高等教育区域化发展趋势越发显著。从目前的政策来看，区域高等教育所立足的主要是省域。[1]省级政府也是高职教育的全面统筹权力源头。《高等教育法》明确规定，省、自治区、直辖市人民政府统筹协调本行政区域的高等教育事业，管理主要为地方培养人才和国务院授权管理的高等学校。在《中国教育改革和发展纲要》及其《实施意见》中，也都曾提到了要建立高等教育由省级政府为主的体制。另外，最近教育部颁发的《面向21世纪教育振兴行动计划》中指出，加快高等教育体制改革步伐，深化高等教育改革，继续实行"共建、调整、合作、合并"的方针，今后3至5年，基本形成中央和省级政府两级管理，分工负责，在国家宏观政策指导下，以省级政府统筹为主的条块有机结合的新体制。除少数关系国家发展全局以及行业性很强，需由国家有关部门直接管理的高等学校外，其他高等学校由省级政府管理或者以地方为主与国家共建。成立高职教育公共治理的"高职教育治理委员会"，委员会由地方政府主要职能部门参与，并激励社会组织参与，由高职院校承接和落实议事成果。

---

[1] 潘建华, 周石其. 有关区域高等教育发展之若干思考[J]. 宁波大学学报（教科版）, 2004（5）: 37-38+51.

首先，地方政府应加强各方参与高等教育治理价值导向的引导，保证高等教育公共物品的属性。

其次，完善政策制定过程中各方利益合理表达的机制建设。在治理委员会的执行过程中，建设信息沟通与交流的平台，建设网络信息管理渠道。充分鼓励社会组织参与其中，形成社会需求导向的培养标准。

最后，形成协同成果推广机制。协同治理模式下，各利益主体为了公共利益做出相应的协调行为，如果产生一定的协同成果需要及时沟通与推广，使协同过程形成良性循环。将实践和总结的小协同成果，不断累计和叠加，就会形成更多更大的成果，那么各利益主体协同的动力会越来越强。

要做到深化体制改革，就要明确省、市政府职责分工。理顺区域高等教育体制，实现政府职能转变是构建有效协调机制的核心。坚持以省级政府管理为主的同时，发挥省、市合力，促进地级城市的高职教育发展。省级政府权限侧重于对区域内高等院校的领导和宏观管理，通过规划和立法、投资和拨款、评估和监督等手段，发挥其区域内调控职能。市级政府的职责权限侧重于地域内高职教育具体协调和服务层面，通过加大地方政府投入力度、规划市域内高校建设、出台政策支持、鼓励各种创新体制等方式构建区域高等教育体系，促进整个地区高等教育的发展。

高等职业教育治理结构改革应从制度化的确权、集权和放权着手，对教育行政权的边界进行严格、清晰的划分，逐步理顺高等职业教育不同权力主体之间的关系，进一步释放出高等职业教育治理结构改革的活力。首先，要从"确权"入手，逐步厘清和确立各级教育行政机关的教育管理权限和职责，对教育行政机构的教育管理权和高职院校的办学自主权的边界进行科学划分，建立各方的"权力清单"，并予以制度化保障，切实改变过去在高等职业教育管理中的权责不清、多头管理等问题。其次，要适当"集权"，将分属不同管理部门的高等教育管理权相对集中起来。当前来看，高等职业院校的人事权、财权、事权等不同权力分属于不同的教育行政部门或政府机构，这也是导致政出多门、多头管理的重要原因，使得高等职业教育在改革发展中无法获得统一有效的人力、物力、财力的配合和支持。

职业教育治理理念和机制的转变是一个权力运行向度和方式的变化过程，

在这个过程中，国家权力逐渐向社会、市场和公民转移，原有的权力场域逐渐从以政府为中心转变成为由多个参与主体共同分享权力、分担责任。职业教育作为国民教育体系的组成部分，政府希望通过职业教育实现公众利益的最大化。在这个意义上，政府对于职业教育的诉求也超越了单纯的工具价值，而成为一种谋取公共利益最大化的价值，在当代中国则体现为社会主义的价值。[1]

二、有效对话过程：行业企业参与决策的激励机制

协同治理涉及治理主体间行为方式的关系向度。参与治理的各个主体之间是平等协商关系，治理主体间的协商关系需要在决策制定过程中得以确认。政府高度重视职业教育是校企合作发展的重要前提，从政府层面对职业教育校企合作进行管理、规划是职业教育校企合作持续发展的关键。高职院校校企合作基于不同的利益主体，具有天然的冲突性，高职院校以学校为主的校企合作模式，加剧了这一冲突。在此前提下，政府应从法律、经济及协调者三个角度入手，强化自己的角色，确定自己的功能，最大限度发挥出影响力。中国是一个政府占主导地位的国家，对中国职业教育校企合作而言，各级政府更要理顺管理体制，明确各部门的职责，统筹职业教育各项工作，制定各个层面的职业教育校企合作发展的规划、战略。同时，借鉴他国的经验，在国家层面做好顶层设计，为行业的权威予以制度化的保障，让产业部门领导参与职业教育管理，让行业企业参与职业教育培养人才的各个环节。

职业教育是一种跨界教育，行业企业对高职教育治理起到决定性作用。一方面，社会经济发展中，不同主体的价值导向差异需要协商机制予以协调，行业企业需要高职院校提供人才支持和技术服务，是典型的市场导向；另一方面，高职教育由高职院校开展教育教学活动，其价值取向为提供公共服务，以及支持人才培养的可持续发展，具有公共性导向。多元主体参与高职教育治理过程，就是要构建政府主导、行业指导、企业参与、学校跟进的高职教育发展基本模式。[2]

地方政府是公共服务项目执行的权力起点，所以更应发挥自身的优势，建

---

[1] 陈桂生. 教育原理 [M]. 2版. 上海：华东师范大学出版社, 2000: 200-201.

[2] 周晶, 万兴亚. 从管理走向治理：区域高等职业教育发展范式转型的路径研究 [J]. 职教论坛, 2014 (19): 44-49.

设高职教育校企合作制度体系。在财政政策上，可以给予行业企业激励基金，支持校企合作项目；在税收政策上，可以对接受教师实习和学生实践的企业给予税收减免的支持；在人力政策上，可以对聘用高职院校毕业生的企业给予补贴；在宣传舆论上，加大高职教育宣传范围和力度，营造社会认同高职教育治理的氛围，形成良好的育人环境。

三、协同承诺监督：第三方监督评价的制约机制

对协同效果进行评估是十分必要的。从广义上看，协同治理运行成果需要经历社会经济发展的检验，检验标准就是能否推进经济发展。从狭义上看，治理有效性是判断治理行动是否符合公平正义的要求，是否有效解决公共问题、提升公共价值的评价标准。一般来讲，协同治理的效果评估包括监控和测量两个方面。监控在于考察协同治理行动给周边环境带来哪些改变，测量是监控活动的进一步延伸，是通过对收集到的数据信息进行分析，衡量协同行动是否带来效果。科学的评估不仅能够直接反映协同过程的合法性、问题解决方案的适用性，以及所花费的时间、金钱等成本的收益情况，还能指导参与者根据环境的变化调整行动计划。就此而言，协同治理的效果评估是检视治理有效性的客观反映。所以，协同治理的效果评估是人们追求良善公共生活的必然要求。

此外，要明晰治理主体的权力边界。界定治理主体的权力边界，是监督和评价协同治理模式是否符合权力结构和运行机制的基础。从国家宏观层面看，各种教育类法律法规等，对于学校运行管理作出了较为明确的界定，却缺乏对于其他参与高职教育治理主体的权责界定；从各种法律法规的约束力来看，高职教育主体权责完善，约束力强，而教育部门的有关制度体系在约束其他主体方面就明显缺乏执行力；从制度体系构成来看，高职教育治理结构包括外部结构和内部结构，内部结构制度体系完善，而涉及外部主体的制度结构较弱，跨部门的制度建设，需要相当长的时间去协调和统筹。

第三节 内部治理模式：高职教育内外部治理的融合机制

教育行政权力来源于法律，必须遵守法律。[1]地方政府是高职教育治理的管理主体和权力源头，地方政府可依据《高等教育法》构建地方特色的制度体系，使高职院校自主办学得以实现。

一、协同能力培育：校企双主体权利的协商机制

基于"多元"权力论，中国的教育管理体制，政党权力在高校中是"始终处于主导性地位"的政治权力。[2]同时，《高等教育法》规定，高校应实行"民主管理和监督"，因此有学者将高校内部权力划分为政治权力（政党权力）、行政权力、学术权力和民主权力四种。[3]此外，还有学者将高校的权力划分为由政党权力、行政权力、学术权力、学生权力和外部权力等组成的多元结构。由此，从"实然"的角度，将中国高校权力结构划分为政治权力、行政权力、学术权力和民主权力四种，比较适合高校的现状。[4]

政治权力体现为党委主导的办学理事会决策制度，指事关高职院校建设、稳定、改革、发展和广大师生员工切身利益的重大事项，由理事会集体决策，而党委在理事会决策中发挥主导作用。理事会由利益相关者中的骨干人员组成，党委委员全部进入理事会，且理事会委员人数不超过党委委员人数的两倍。这样的决策体制，既体现了利益相关者共同治理的思想，又保证了党委在学院重大事项决策中的领导地位。行政权力体现为：院长面向行政工作领域，建设校务委员会，校务委员会下属的三个专门委员会成员，应以具有公共意识和情怀、能够平衡学校内部利益相关者需求和关系、能够回应学校外部诉求的专家型管理干部为主，同时要保证一定比例的教师、学生代表、行业企业领导和技术骨干参加，由

[1] 李雪岩, 龙耀. 教育行政权力三边界论——中国教育行政化问题研究系列之一[J]. 现代教育管理, 2012 (11): 12-17.

[2] 林荣日. 论高校内部权力[J]. 现代大学教育, 2005 (2): 69-74.

[3] 王学海. 学术权力概念及学术权力主体辨析[J]. 黑龙江高教研究, 2004 (3): 14-17.

[4] 方强. 论高职院校行政权力的优化配置: 扩张与严控[J]. 黑龙江高教研究, 2014 (7): 30-33.

分管相关工作的副院长担任负责人；校务委员会下属的校企合作、师资队伍建设和财产管理专门委员会，应充分发挥专门委员会在学校最为重要、最为关键的三项工作中的咨询、评议和决策作用。学术权力体现为：学术委员会的构成以一线的教授、行业企业技术专家为主，委员会应由该领域的学术权威担任负责人，下属的多个专门委员会应包括专业建设、通识教育和科学与技术研究专门委员会。

校企合作管理平台可定义为高职院校建设中的利益相关者之间形成的以互惠、共赢为基本价值的合作治理网络，是高职院校特色建设的基础和动力来源，其中利益相关者是建设合作治理网络的前提。

中国的行业协会诞生于计划经济向市场经济转轨的特殊时期，因其"半官半民"的色彩，曾发挥过统筹协调、管理有效等独特优势，尤其是对于行业高职院校的校企合作起到统筹、管理的作用。从行业发展的制度逻辑来看，行业参与职业教育校企合作有着历史的必然，以行业为纽带，有助于实现校企合作、产学合作办学。在行业协会发展较好的那段时期，行业协会是居于政府与企业中间的沟通桥梁，担负着政府决策咨询与维护行业权益的责任，是行业内的"服务员"，是职业教育校企合作的指导者和中坚力量，是政府、学校与企业的纽带，有效地推动了职业教育校企合作的发展。

在劳动力日益短缺和产业转型的背景下，企业应积极主动地参与到职业院校人才培养的过程中来，完善职业教育的校企合作机制。随着中国社会经济发展和就业形势的变化，职业教育校企合作被赋予了新的内涵和要求，必须用新的思维和战略眼光来研究和对待校企合作。校企合作中的企业必须树立战略眼光，才能建立深层次的校企合作关系，才能实现永久持续的共赢。科学合理地做好合作的成本分析，找到职业教育校企合作利益相关者之间利益的平衡点和持续合作激励点，对于提升职业教育校企合作的有效性至关重要。

在协同治理环境下，承诺存在于两个维度。第一，参与者之间的承诺，这意味着他们形成一种契约关系，也是对彼此权利与义务的确认。参与者之间承诺可以交换或共享信息与资源，而这种交换与共享有利于增进对方的利益。参与者之间的承诺首先建立在个人层面，当个人层面建立起相互承诺后，其代表的组织或团体也能随之建立起组织层面的承诺。第二，参与者对协同过程的承诺，这意味着他们拥有参与协同行动的意愿并愿意付诸实践。参与者对协同过程的承诺，核心内容是责任与奉献，即参与者有志于为实现共同目标寻求解决方案，愿意付出自己的时间与资源，并为最终结果承担责任。

需要注意的是，承诺作为一种非正式契约，主要依靠道德力量保障其得以履行。然而，在无法保证所有参与者都具备较高道德水平的情况下，如果缺乏强制性力量的约束，将会出现参与者违背承诺的情况。因此，需要通过制度化的设置去促进承诺并为履行承诺的行为提供保障。承诺的制度化形式就是协议。虽然承诺等非正式契约也能对协同治理的创设、运行与发展产生作用，但相比较而言，正式契约的明确性、持久性以及可操作性使其在某些方面更具优势。因此，将承诺具化为协议是确保协同过程顺利进行的必要途径。

合作治理网络是实现学校和企业内外两个主体协商沟通的基础，建设"校企合作管理平台"是实现治理网络的保障。实质性协议是关于行动规划以及最终方案的决定，是关于协同治理内容与目的的承诺，其功能在于确保协同行动的可行性，保障行动方案科学合理、共同目标得以实现。从内容上看，实质性协议涵盖共同目标、行动规划、职责分配等内容。具体来看，其一，共同目标是参与者利益诉求的交叉点，只有在确定具有共同目标的基础上，协同治理才有可能实现。可以说，共同目标是协同治理得以实现的前提性条件。在协同实践中，以协议的形式对共同目标进行确认，一方面是对参与者利益的维护，另一方面则设置了明确的行动方向。其二，行动规划是对参与者协同活动的安排。行动规则是协同治理从静态到动态的转向，它为公共事务治理提供了从目标到策略、从方案到实施等一系列制度安排，引导参与者穿过棘手问题"是什么"的疑惑，走向集体行动"如何做"的新阶段。其三，职责分配是根据参与者各自的功能优势，进行最为理想的工作分配。克里斯·赫克萨姆（Chris Huxham）提出了"自治与责任的困境"的概念，意指参与者在保持相对独立性的同时，如何对协同行动负责的问题。因此，通过正式的协议对参与者的工作职责进行明确划分，不仅能够提高参与者的行动效率，还能为监督问责提供依据。

二、规范协同行为：内部利益相关者的协调机制

协同行动，是指治理主体在协同机制的框架内按照之前达成的协议与规则，为实现共同目标而展开的各类活动。主体集聚、积极协商以及决策制定只是

协同过程的前三个阶段，协同行动则是协同过程的最后一环。无论是从线性路径理解协同过程，还是从循环、迭代路径理解协同过程，协同行动都可归为执行和实施环节，在这个环节，承诺与准则开始生效，治理主体通过个体行动或多元互动将协同规划付诸实践。从理论上讲，协同治理旨在实现单个组织或个人无法完成的公共目标，其隐含的内在逻辑是协同成果依赖于多元主体的协同行动。从这个角度讲，协同行动的重要性显而易见，理应处在协同治理过程的核心位置。协同行动应该是审慎的、包容的和透明的，也应该被精心设计和具有战略高度，而不仅仅是被动的应激反应。因此，有必要对协同行动的层次、类型等内容进行全面审视。

柯克·艾默生（Kirk Emerson）等人总结了四种基于功能的协同行动，分别为：一是操作行动，促进协同治理机制本身的发展或维系；二是发展或创收行动，构建或维持协同治理机制及其参与者；三是网络行动，建立协同治理机制的外部合法性与声誉；四是实质的或目的驱动的行动，直接促成协同治理参与者的共同使命。

大学内部不同治理主体的权力控制能力不同，影响的范围也不尽相同。针对权力控制机制存在的问题，应从以下两方面进行修正与完善。首先，优化治理主体参与决策范围。借鉴美国大学共同治理的模式，强调教师、学生和行政人员共同参与大学治理，同时也要注重不同主体在决策过程中的责任分担。由于权力的不平衡性，治理主体在不同决策范围内的影响力存在差异。学生是大学存在的理由，没有学生就没有大学。大学生只要选择了某所大学，将终生成为该所大学的利益相关者。在高职院校治理过程中，教师要参与咨询管理，获取可能的更好的薪资待遇，获取机会提高自身的各方面能力，如教学能力、沟通能力、科研能力等，获得更高层次、更大范围内的尊重。

一方面，在国家法律、法规等文件中，明确教师应在自身专注与擅长的学术决策领域发挥主导性的作用，课程设置与教学安排、教师任命和晋升标准等学术领域是教师优先自主决定的范围。而在财务预算、运营管理等领域可由行政人员主导，同时也要明确教师和学生发挥参与决策、咨询、评议等作用。另一方面，完善大学治理的组织内部机构建设。权力控制机制依靠正式组织的决策过程，完善学术委员会、教职工代表大会和学生代表大会等组织职能、人员设置、决策流程等安排，为治理主体的权力发挥提供充足的依据。

其次，加强教师和学生的决策权责。大学治理中，教师和学生的决策权主要依赖于法律、法规的强制保障。除了国家层面的法律、法规中强化教师和学生的决策权责，在大学治理的制度体系中更应该强调教师在学术事务中的决策权责，以及学生在自身相关事务中的决策权责。同时，强调个人权责的基础作用，也要强调组织功能定位与教师学术权责和学生权责的匹配。学术委员会作为行使教师决策权责的主要组织机构，应保障教师权力在决策中的实现，同时组织机构的目标、人员构成和程序等应为教师的利益所服务，要明确体现教师在学术委员会中独特的决策地位。相对而言，学生会作为服务和保障学生权力的主要机构，也应该在组织章程、规定中明确学生在该组织中的独特地位，保障学生权力的实现，同时也要处理好与学校行政组织之间的关系。

三、参与评估：师生共同监督的约束机制

协同治理监督评估是制度设计的结果考察体现。评判协同治理是否有效果的标准，可以通过以下五个方面进行比较。

第一，成果评价。针对协同治理的成果取得，需要协同各方予以确认，由于协同治理主体的价值取向差异，对于成果认可会有不同，所以要形成对成果协调一致的认识，统一评价标准。

第二，确认过程有效。不同成果对于协同治理主体有着不同的影响，而协同过程则非常重要。一方面，协同过程就是得到成果的必然路径；另一方面，不同主体在获得成果过程中，形成了协调运行机制，从而促进成果取得实效。

第三，取得意外的收获。在协同治理实践中，核心就是协同过程，在协同过程中不同主体之间协商运行机制调试，为达成目标的协商机制，以及成果实现后的激励效果，都能够产生基于原定目标的更多成果。

第四，获得更多的认可。协同治理的成果，既是协同治理主体的目标，也会获得各方组织或民众的接纳，这样有利于引入更多利益相关者参与治理过程，进一步完善制度体系，推进协同成果转化。

第五，组织与个人价值均衡。协同治理体系构建，包括不同协同主体的集体意志，也是不同主体中个人实践的直接体现。协同成果不断出现，促进直接参

与协同治理的个人成长，同时实现个人价值认可，有利于带动更多个人参与协同活动。

协同优势理论对于协同治理这五种成功的思考可以作为对协同治理后果进行评估的重要标准。同时，协同治理所取得的成果并不是"一维性"的，协同治理在很多方面都可以取得值得庆祝的成绩。这五种成功类型既可用在协同参与方之间对协同后果进行的讨论中，也可以被用作协同各方向外部利益相关方展示协同价值的方式。

在学校应在大学章程、学术委员会章程和教职工代表大学章程等具体的制度体系中对教师和学生的权力给予明确的规定，特别是在关乎重大决策事务中，给予明确参与决策和监督等相应的权力。教师参与监督就是将一些决策权力选择性地分配给教师的机制，因此学校会从教师拥有的信息优势及由此形成的决策质量的提高中受益。

大学章程是大学办学的纲领性文件，是学校依法治校的基础和保障。大学章程是对立法内容的细化与延伸，其核心内容是对权力的限制与保障。各类大学应依法制定章程，依照章程规定管理学校。国外一流大学都有自己完备的大学章程，对大学管理中权力机构的划分进行了法律上的切割。如董事会享有哪些权利，理事会或者执行机构及校长享有哪些权利，最终的司法诉讼又必须通过怎样的途径等。我国《高等教育法》明确规定，设立大学须有大学章程，可至今为止，中国具备完善章程的大学屈指可数。立法的宏观性与模糊性、校内章程的缺失致使大学内权力冲突与滥用的现象日益加剧。

大学章程应当明确大学治理结构，对校内权力构成作出明确的规定。复旦大学校长杨玉良表示，《复旦大学章程》划分和限定各种权力，学校领导和部处负责人退出该校的学术委员会、教学指导委员会，形成行政权力和学术权力的有效分离。而且，学术委员会和教学指导委员会不是"空架子"，学校为此设计了专门的会议制度和"召见—问责"制度[1]。复旦大学的改革行动或许意味着中国大学办学将告别长期以来没有大学章程的困境，真正实现依法治教，形成对权力结构的有效监督和制约。

---

[1] 复旦酝酿章程约束校长权力 实现学术行政权分离 [DB/OL]. (2011-1-1) [2020-7-29] http://www.chinanews.cn/edu/2011/01-01,2761604.sthml.

　　实现大学管理的民主化与治理的多元化，是制约权力滥用的重要途径。要赋予教师、学生以及其他行政服务人员在大学中的民主管理权力，使决策更加科学化、规范化和专业化，同时防止独裁和专制。首先，应赋予广大师生在学校管理和决策活动中的民主参与权，让其广泛参与到学校发展与建设中来。通过大学章程的形式明确规定党代会、教代会、职代会的职责，确定教师代表的比例，确保教师参与学校重大问题决策的发言权和主动权，而不是简单地"走过场"。同时，要高度重视和发挥以学生为主体的团代会、学代会制度的作用，增强决策的民主性和科学性。其次，大学应进一步推行校务公开制度，凡是有关学校改革与发展的重大决策、学校的财务收支情况、福利待遇以及涉及师生员工权益的其他事项，都要通过公文、海报、网站等多种途径在全校范围内及时、准确地予以公布。学校实行校务公开和院务公开，校长、院长分别向学校、学院教职工代表大会报告工作，不断完善重大事项集体决策、决策评估等制度，建立健全决策后评价、反馈纠偏和问责等制度，及时发现并解决决策中存在的问题，减少决策失误[1]。

---

[1] 毛成, 蔡玲丽, 赵春鱼. 服务行政: 高校"去行政化"改革新方向［J］, 教育发展研究, 2010, 30（9）: 34-37.